トップコンサルタントの

新時代の思考法

6 new skills advocated by top consultants

6スキル

KPMGコンサルティング
佐渡誠　鈴木拓

日本経済新聞出版

プロローグ

潮目は変わった——新時代のビジネスプロフェッショナルの使命

平成から令和となり、はや5年目を迎えました。失われた30年を抜けて明るい時代の到来を期待する一方で、ウクライナ問題や中国情勢、それに端を発した安全保障問題、物価の高騰、世界の先頭を行く構造的な少子高齢化や社会保障費の問題など、これまでにない複雑多岐な社会課題に今の日本は直面しています。

一方の産業界に目を向けると、最新のＩＭＤ「世界競争力ランキング」で日本は２０２１年よりも３つ順位を落として過去最低の34位を記録するなど、企業の競争力強化に向けた明るい出口が未だ見えずにもがき苦しんでいます。

こうした世の中の動きの中で**一体どのようなスキルを身につけていくことが〝プロフェッショナル〟として求められているのでしょうか。**

そのスキルを語る前に、もう少し今の時代考察を深める必要がありそうです。私自身のキャリア、そこで価値の源泉となってきたコンサルタントスキルにも触れながら話を続けていきたいと思います。

私が日系の大企業を退職して、戦略コンサルタントに転じたのは1999年、10年前のバブル崩壊後、企業競争力が陰りつつある一方、「IT革命」と呼ばれる中でインターネットビジネスの新たなチャンスを各社が模索し経済復興の期待を寄せ始めていた時代でした。

ECサイトの立ち上げや顧客情報などを分析してより良い商品開発やサービス強化につなげていくテーマが多数動き出し、私自身もネットビジネスの新規立ち上げやWebマーケティングの構想策定から実行支援などのプロジェクトに多数参画しました。論理的思考やファクトベースでのコミュニケーションスタイル、論点思考や仮説思考などのコンサルタントのベーシックスキルを徹底的に教え込まれたものです。

ITの進化を受けて多くの企業が「ITを使ってこれまでのオペレーションをもっと効率的に進化させるぞ」「ECサイトを立ち上げてネットチャネルでお客様を効率的に獲得するぞ」「そもそも業務プロセス全体の中でテクノロジーに置き換えられる所をすべて作り直すぞ（BPR：Business Process Reengineering）」といった様々なテーマ（課題）を掲げ、次から次へと企業改革を推し進めていた時代でした。

そこでは先行する欧米企業の改革手法やノウハウ、事例を「調査」し「ベンチマーク」を繰り返しながら、より高い効率性を追求するアプローチが奨励され、グローバルでのノウハウや事例、「方法論」を掲げて、かつ論理立てられた問題解決アプローチで着実にプロジェクトを進めていくコンサルタントにたくさんの活躍機会が生まれたとともに、そうしたコンサルタントのスキルの有効性が注目され、相次いで「コンサルのハウツー本」が書店に並んだのです。

では、〝これから〟の時代の問題解決においても「同じマインド・同じスタンス・同じスキルを学び、活かしていこう」と考えることは本当に正しいのでしょうか?

答えはノーです。なぜでしょうか?

理由はシンプルです。90年代・00年代において解くべき課題（解いてきた課題）と令和の時代、これから皆さんが解くべき課題（解かねばならない課題）の質的構造が根本的に変化しているからです。であれば自ずと、**課題解決の先頭に立つべくリーダーの使命・資質・スキルも大きく変わってきているのです。**

10年後、20年後の未来創造に向けた新しい使命を理解し、その先頭に立ってチームを、組織を、企業を、そして社会を変えていこうとする人材（読者の皆さん）を本書では〝新時代のビジネスプロフェッショナル〟と呼ばせていただきます。

本書が〝新時代のビジネスプロフェッショナル〟の方々の未来創造に向けた一助となることを心から願っています。

新時代のビジネスプロフェッショナルの使命

解くべき課題・解かねばならない課題の本質に触れる前に、まずは大きな視点に立って3つの「課題タイプ」に関して個人的な見方を説明させて下さい（図表1）。新時代のビジネスプロフェッショナルが向き合う課題の本質を理解するうえで役立つ整理になるはずです。

①「効率化」課題

まず1つ目の課題のタイプは、日本企業お得意の「生産性向上」に向けた課題です。これはITやデジタルといった手段の最適活用を通じてその「業務効率性」を高め、結果「人」が担っていた作業を代替手段に置き換えることで生産性を高める、といったタイプの課題です。

営業店舗をネットセールスに置き換えよう、購買者ニーズを吸い上げてより良い商品開発に活かそう、データを駆使して生産歩留まりを改善しよう、ドローンを用いて配送効率を飛躍的に高めよう、といったものもすべて広義に捉えれば「生産性」向上の課題です。言わずもがな、毎日仕事をしていると一番目につく、そして掲げやすい

図表1　3つの「課題タイプ」

課題タイプ	課題解決の目的と課題例
❶「効率化」課題	**「生産性」や「効率性」を高めるための課題** ☑ 販売チャネルのデジタル化 ☑ ITを駆使した業務改革 ☑ 先進デジタル技術による業務効率化　など
❷「負の清算」課題	**大量生産・大量消費社会が創り出した負の課題** ☑ CO_2削減に向けたオペレーションの作り替え ☑ SDGs・ESGにつながる企業内の新たな取り組み ☑ 環境や人権に配慮した原料への切り替え　など
❸「未来創造」課題	**新しい付加価値を創り出す課題** ☑ 新規サービス・事業・産業の創造 ☑ 製造業の膨大な知財・特許・文献情報の形式知化と事業化探索 ☑ 地方経済の「付加価値創出」につながるデジタル活用　など

課題と言えるでしょう。

目の前に抱える顕在的な問題点に目を向けて、最適な解決策で「改善」「進化」させていく、より良い解決策を導くために同業他社のベンチマーキングや先行事例調査なども行いながら筋道立てて「正解（自社に適用できそうな〝やり方〟）」を描いて生産性向上を実現していく、といった課題です。

日本は戦後の焼け野原からものづくりを中心に奇跡的な復活を遂げてきました。造船・自動車・電気・金融……様々な業界が高度経済成長期の中でそのビジネスモデル（ビジネスの基本的な流れ、儲け方の仕組み）を確立し、今の時代考えられない「24時間働けますか」といったCMキャッチコピーが堂々と流れる程に寝る間も惜しんで働き続け、世界第2位の経済大国にまで成り上がったのです。

90年代初めにバブルが崩壊した後も、テクノロジーを駆使することでオペレーション効率性を磨き、工夫を重ねることでまだまだ戦えるのではないか、と奔走してきたのです。コンサルティング業界側から見ても、こうしたオペレーション効率性（コンサル用語ではオペレーションエクセレンスと呼ぶ）向上の相談・ご支援が8割以上を占めていたと言っても過言ではないでしょう。

令和の今では「DX革命」という名に変われども、大量の書類や帳票などをなくしてくれたり、SNSなどを駆使して新しいお客様とのコミュニケーション手段を構築したり、人力でチェックしていた定型作業などをすべてAI・ロボットに置き換えて大幅に効率化や品質向上を果たしたりと、本質的にはほとんどの課題はこの「生産性向上」課題として分類できるでしょう。真面目で丁寧に仕事を進める日本企業・日本人が得意とする課題です。

②「負の清算」課題

2つ目の課題のタイプが「負の清算」です。例えば、産業革命以来人類が生み出し続けてしまった膨大なCO_2の排出抑制や削減などは待ったなしの状況であり、「負の清算」課題の最たる例にあたります。各国のみならず各業界、各企業レベルにまで落とし込まれて、現場レベルで様々な課題解決の取り組みが進められています。工場内のエネルギーを100%再生可能エネルギーに切り替えたり、そもそもグループ全社のCO_2排出量の可視化に向けた最適な方策を検討したり、といった活動も「負の清算」がもたらした解決しなければならない課題と言えます。

また、植林活動をして森林資源を守ったり、労働搾取を行うような国や地域からの原料購入を停止するなど、世界共通言語となったESGやSDGs活動もそれぞれ向き合わねばならない「負の清算」課題と言えるでしょう。

魔法の杖のように一気に解決できるような策はなかなか見つけられない難しさはありますが、やらねばならない課題であることに誰も疑問の余地はなく、どのようにしてその課題を解くか（HOW）が腕の見せ所となる課題と言えるでしょう。目的・目指すべきゴール（生産性〇〇％アップ、CO_2排出量〇〇％削減、調達コスト〇〇％削減など）は明確で、どのようにそれを解決するか（HOW）が問われるという点では1つ目の「効率化」課題と本質的に同じタイプと言えます。

③「未来創造」課題

最後、3つ目の課題のタイプが「未来創造」課題です。これはイノベーションを興して新たな産業を生み出したり、市場や雇用を創り出すことを意味します。今あるものを効率化していく、マイナスをゼロにする、という前述2つの課題とは明らかに異なり、**新しい付加価値を創り出すタイプの課題です。**

令和5年の現政権は「新しい資本主義」というコンセプトのもとで「成長と分配」の好循環サイクル創出を目標にしています。この「成長」を果たしていくために政府は「科学技術やイノベーションを推進し、経済の付加価値創出力を引き上げていくこと」を主要施策として謳い、手段としてのオープンイノベーションやスタートアップ・エコシステムの形成、そしてイノベーション人材の育成など（詳細は首相官邸HP参照）、官民一体となってやらねばならない課題は待ったなしだと明言しています。

従来のオペレーション課題の改善、そこからの企業生産性の向上には限界がありますす。負の清算はやらねばならない命題ですが必ずしも〝成長〟につながるテーマではありません。もちろん、高度経済成長時代のような急激な「経済成長」やひたすら経済合理性を目的に拡大していくぞ、などと昭和のモデルを押し付けるような話をしているのではなく、これからの日本に相応しい〝成長〟の仕方を見つけ、発展していくためには、将来の成長に向けた課題により積極的に向き合っていくことを、国は重視しているのです。つまり「未来創造」タイプの課題を解決していくこと、そのための人材を創り出していくことを高らかに宣言しているのです。

それって具体的に何の課題に取り組むことを意味しているのでしょうか？　イノベーションを興しましょう、新規事業を創りましょうなど、今までも皆さん自身やその周囲からも同様の声は聞こえてきていることと思います。しかし、**自分ごととして置き換えた時には何に取り組むべきか、何が付加価値創出につながる活動なのか、考えてもそれ以上思考が進まない、というのが正直なところではないでしょうか？**

人間そうなると、やるべきこと・ゴールが明確に描ける課題、すでに顕在化している課題の解決に流れがちなものです。しかし、先述の国のメッセージを見てもおわかりの通り「我々の未来をより面白く・輝かしいものとしていくためには、未来創造・付加価値創造に本気に向き合わなければならない」環境に突入したのです。

今は何が自身でできるのか、すべきなのか、がわからなくとも、自身の価値観や思想・想いを起点に様々な情報へのアンテナも張り巡らしながら、どのような問題に取り組むべきかを自ら探索・発見する（ＷＨＡＴ・ＷＨＹ）スキルの獲得・磨き上げは今日からでも進められるはずです。

今の瞬間を切り取れば、皆さんそれぞれが置かれている環境や立場によって「付加価値創造」の主体者となるか、それを受けて行動する側であるのか、は様々だとは思いますが、将来ビジネスプロフェッショナルとして活躍していくためには等しくそのスキルを身につけていくことが求められているのです。

「それってゼロからイチを創り出す起業家やベンチャーの方の話なのでは……」と自身と関係ないように捉えがちですが、**より良い未来社会を創り出していく（企業活動もその目的のもと）という〝これから〟に目線を置いた時には、読者の皆さん、つまり新時代のビジネスプロフェッショナル全員が身につけるべきスキルなのです。**

私が最も伝えたい〝想い〟ですので、改めて繰り返します。科学技術やイノベーションなどで新しい産業の創出、付加価値の創造を牽引していくのは決して一部の起業家やベンチャー経営者に限った話ではなく、新時代のビジネスプロフェッショナル全員に課せられた使命なのです、そして**今からそれを体現できるスキルを身につけていくことが責務なのです。**

誤解なきように捕足しておきますが、1つ目、2つ目の課題を軽視する話ではありません。企業活動、組織活動、そして皆さんの日々の業務の中で3つの課題を解決していく活動が日々混在して発生するでしょうし、職務や職責といった役割の中で、それぞれの課題タイプの解決に臨んでいくのは当然のことだと理解しています。ただ、新時代のビジネスプロフェッショナルが「備えていくべきスキル」を定義するうえでは、この3つの課題タイプの意味や3つ目の「未来創造」の重要性をしっかりと認識しておくことが鍵になってくるものと思ってください。

環境変化とともに登場した「3つの思考法」

具体個別なスキルをご紹介する前に、もう一段高い視点から時代・環境変化に連動して登場してきた〝3つの思考法〟の話をさせて下さい（図表2／3）。

図表2　**3つの思考法**

ロジカルシンキング	デザインシンキング	アートシンキング
事実や物事を論理立てて整理して、誰もが納得できる「正解」を導き出そうとする思考法	顧客が持つ真の課題の解決を目指すための考え方であり、顧客起点で考えて価値を生み出す思考法	自分の中にある価値観や哲学、思想などに基づいて、自分が実現したい世界を自己起点で考え実現していく思考法
▼	▼	▼
顕在的な課題の解決	**新しい製品やサービスの開発**	**思いもよらない新たな価値創造**
今ある事実や物事を論理的に“整理”して、問題の構造などを順序立てて整理し、ロジカルに問題を解いていく際に有効	従来の業界慣習や既成概念に縛られずに、あくまでも顧客の行動や根源的なニーズに目を向けて、それに応えるイノベーティブな製品・サービスの開発に有効	非連続な思考や未来視点を前提に、今時点にない新しい価値を生むと信じる事業やサービス、仕組みの創造に有効（そのための異業種の組み合わせやサービスの結合などを積極的に仕掛けていく）

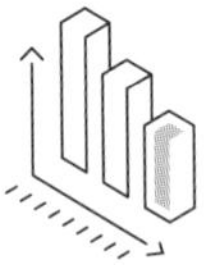

①ロジカルシンキング

先述した通りオペレーションエクセレンスの追求がメインの課題であった90年代後半において注目された思考法が「ロジカルシンキング」です。ファクト思考やMECEに考えること、ロジックツリー、イシューツリー等によって体系立てて課題を整理し、PPMや3C、5フォースなど様々なフレームワークも用いて漏れなく俯瞰的に情報を拾い・分析する。常にロジカルに、作業を筋道立てて行い、手戻り（仕事が振り出しに戻ったり、作業のやり直しが発生すること）なくプロジェクトを進めていく、この問題解決手法が当時の主役だったのです。今でも一般的な「コンサルスキル」と言えばこの「ロジカルシンキング」を想起される方がほとんどかと思います。

②デザインシンキング

デジタル技術の進展や人の価値観・生活様式の多様化が進んだ2005年頃になると、本当にユーザーが欲しいものは何なのかを、もっとユーザーを深く観察してそこに応える製品やサービスを開発しようという動きが盛り上がり、新たに「デザインシンキング」が登場してきました。

任天堂Ｗｉｉがよく代表例として挙げられます。家庭をじっくり観察したところ、本来家族を楽しませるはずのゲーム機が逆に家族の時間を減らしていることに気づき、そこから「家族で楽しめるゲーム」の開発につなげていったケースは有名です。供給者側の先入観や表層的なユーザー課題にとらわれずに、より深いユーザーニーズに着目してイノベーションにつなげていく、新商品・新サービスの開発に効果を発揮して注目された思考法です。

③アートシンキング

そして2015年頃になると「アートシンキング」という新たな思考法が登場します。これまでの「ロジカルシンキング」や「デザインシンキング」は本質的には「ユーザー側にある課題を探り、解決する思考法」でしたが、アートシンキングは自分自身の価値観や哲学、思考・感情から目の前の市場（それが日本という国の場合もあれば、住んでいる地域の場合も、そして自身の企業や組織の場合も様々）に対して**「何が課題だと思うのか？」「何を解決したいのか？」を自分起点で定義しその解決にあたっていく、という点に決定的な違いがある思考法なのです。**

「ロジカルシンキング」が問題解決スキルのメインであった00年代初頭に「アートシ

図表3　環境変化とともに登場した「3つの思考法」

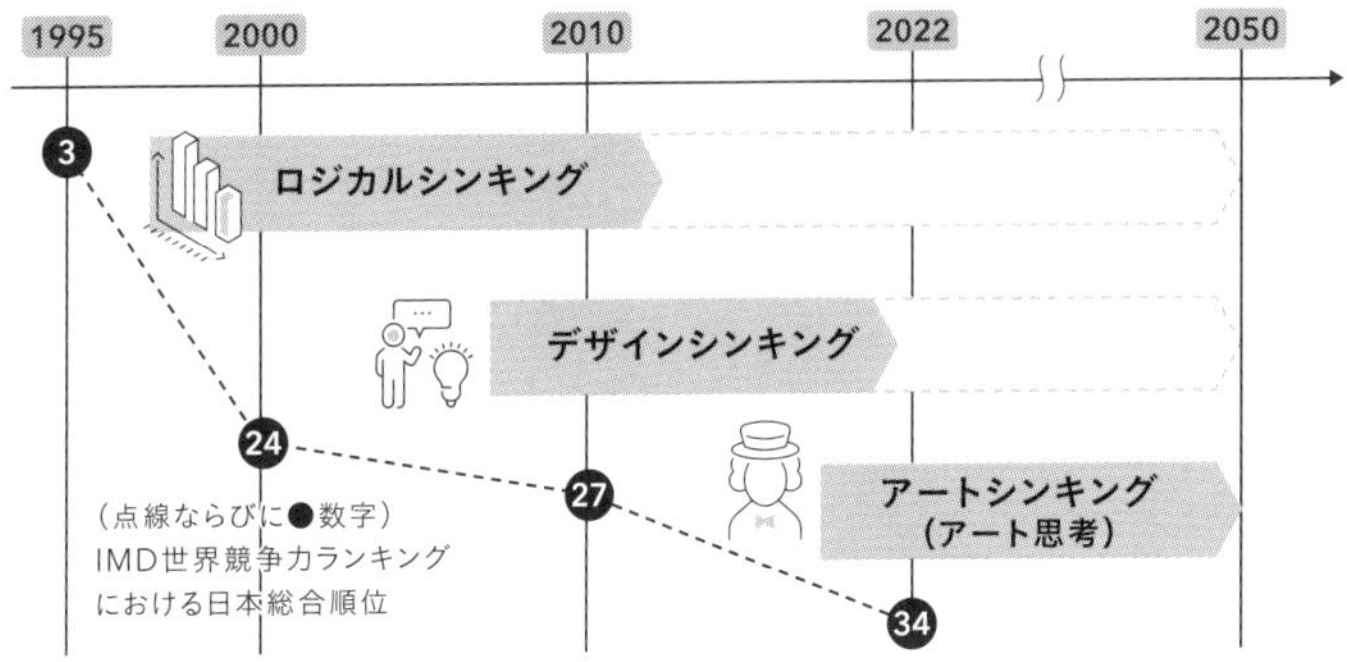

ンキング」の話をしてもおそらく、誰も耳を貸さなかったでしょうし、そのようなコンサルタントは怪しまれて必要とされなかったことでしょう。ところが、2020年を過ぎた今、どの企業や人にこの思考法の話をしても皆さん興味深く耳を傾け、高い関心を示されます。なぜなのか？　もうおわかりですよね。

　今は「未来創造」に挑戦していかなければならない時代であり、そのための**課題を自ら探索し、定義し、「こんな事業をやってみないか？」「こんな価値を創り出してみないか？」といったアイデアをもってチームや組織・企業を引っ張っていってくれるリーダーを求めているからなのです。**

　先ほど「3つの課題」同様、この3つの思考法においてもどれか1つだけ磨けば良い、というものではないことは捕足しておきます。

「アートシンキング」で課題を設定し実現したい世界観を描いた後には、その実現に進んでいく過程においてはどのような順番で筋道立てて進めていくのかといった作業をロジカルに組み立てていくことは必要ですし、最後は相手ありきですのでユーザーと向き合う時の最適なコミュニケーションスタイルをデザインしたりと、**「ロジカルシンキング」も「デザインシンキング」も適宜絡めながら問題解決に当たっていくことが新時代のビジネスプロフェッショナルには求められるのです。**

本書でご紹介する各種スキルもこの3つの思考法を起点にその発現にバランス良くつながっていく体系としてまとめているつもりですので、是非その観点も意識しながら読み進めていただければ、より理解が深まるのではないかと思います。

潮目は変わった――「正解」のない時代

少し、話が変わりますが、さらに皆さんの背中を押す意味から、より俯瞰した話をさせてください。図表4を見てみてください。日本という国の1000年以上にわたる人口推移を表した統計データです。皆さんはこれを見た時に何を思われますか？この図を見ても「そうだよね、人口は減っていくよね……」「昔は少なかったんだな」

図表4　過去1000年における人口推移

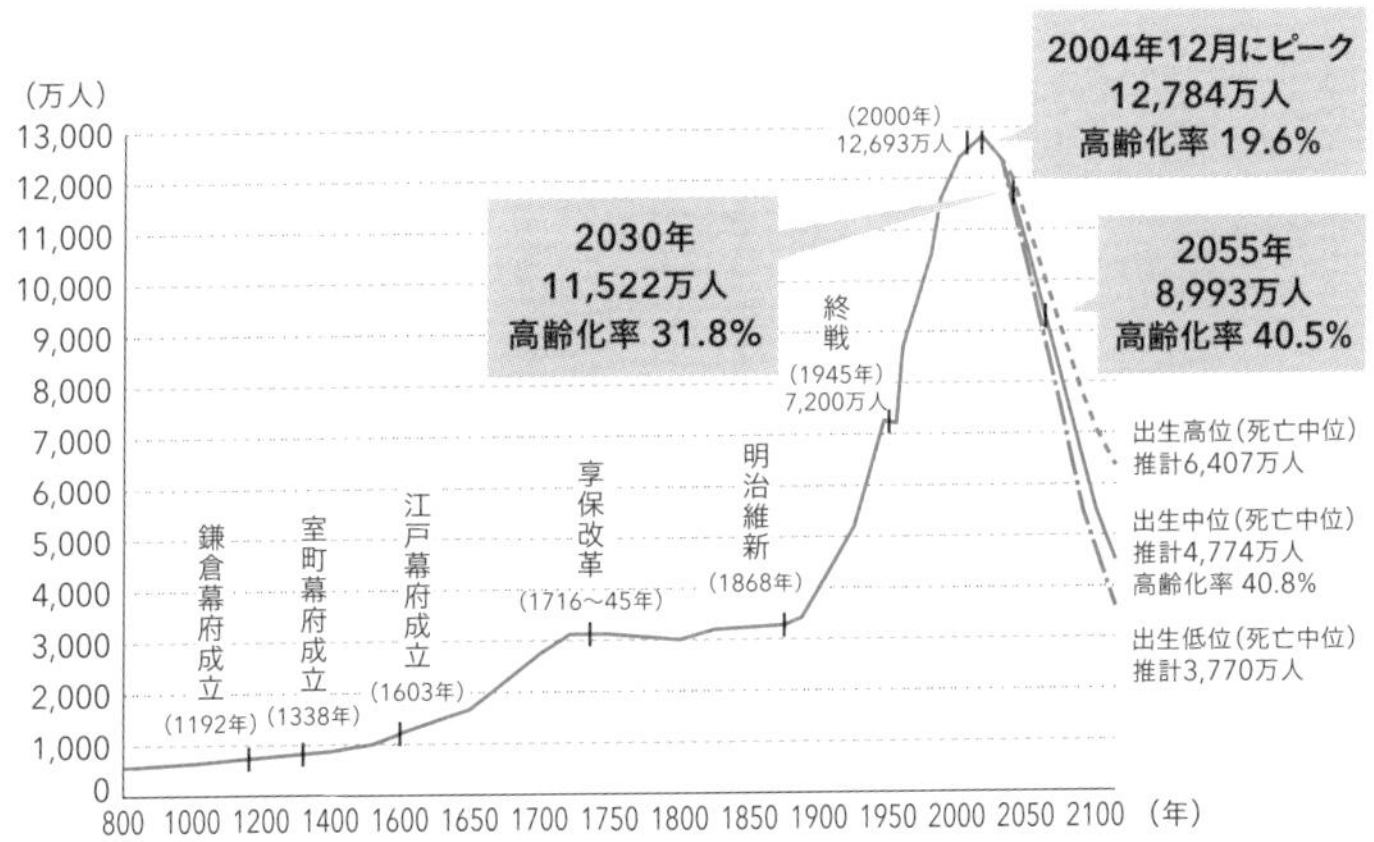

資料)総務省「国勢調査」、「人口推計」、国立社会保障、人口問題研究所「日本の将来推計人口(2006年12月推計)」、国土庁「日本列島における人口分布変動の長期時系列分析」(1974年)より国土交通省作成

「明治維新で一気に人口が増えたのだな」などなど様々なコメントがきこえて来そうです。最大限俯瞰して「つまりは何?」に答えるなら何というでしょうか?

そうです、**「日本は有史以来〝初めて〟人口減少局面に突入している」**のです。桓武天皇が都を京都に移して貴族文化が花開いた平安時代からずっと続いてきた「日本の人口増加」が初めて2004年を境に「減少」に転じているのです。ずっと「人は増え続ける」という、〝当たり前〟が変わったのです。

人口というのは経済力・規模(労働力でもあり消費力でもある)の源泉

であり企業活動のあり方や前提を決める何よりも重要な要素です。人類は、そこに市場があり、そこに欲する人がいるためによりそのニーズに合うものを考え、創り、早く届けることで経済を発展させてきたのです。そこには市場があり、拡大していくことが経済活動の大前提だったのです。

ちなみに厳密に言うと、日本には過去3度人口停滞期（構造的な減少ではない）があったそうです。とりわけ、江戸時代後期（18世紀前半〜明治維新までの約120年）の様相はこれからの日本の問題を考えるうえで示唆がありそうです。江戸幕府の開幕以来、兵農分離によって次々と耕地開拓が行われ、それに伴って人口も爆発的に拡大したのですが、100年近く経った享保年間には開拓もいき尽き、収穫も逓減していき幕府も藩も財政が相当に厳しくなったようです。

そうした中、より良い生活（当時の人々がどのような生活を〝より良い〟と考えていたかは私にはわかりませんが……）を成り立たせるために、地方の食や独自の産物・文化などを次々と考え、創り出して経済を回すことに人々は知恵を絞ったそうです。市場拡大が限界を迎えている中で過去の延長線でオペレーションエクセレンスを追求するのではなく、新しい付加価値や産業・サービスの創出に知恵を絞った人たちがいたという点は、どこか現代の社会背景と似ている感じがします。

脱線しましたが本論に戻りましょう。**長期的な人口統計表から私が一番お伝えしたかったのは〝潮目が変わった〟という疑いのない事実です。**経済活動の「大前提」として暗黙のうちに据えられてきた「購買・労働人口は増え続ける（少なくとも減らない）」という環境はとうの昔、2000年代初頭には終わっているのです。

しかし、高度成長期の中で「経済合理性」をゴールとして突き進んできた大企業文化やビジネスプロフェッショナルの行動様式は急に変えられず、当然「慣性の法則」も働くために、長く「オペレーションエクセレンスの実現」を果たせるリーダーの育成が求められてきたのです。しかし、潮目はとっくに変わっているのです。

ビジネスプロフェッショナルには過去の延長線で生まれてくるオペレーション課題だけでなく、**未来を考え、創り出していく「未来創造」課題により意識を向けて、自身やチーム、組織、そして企業の付加価値を新たに生み出すこと、これまでにない市場や雇用を創り出し、新しいお金の流れ・経済圏を生み出すようなイノベーションを興すことが一層重要な使命として求められているのです。**

過去にない、これからの日本の〝成長モデル〟を見つけ、そこに企業も人も向かっていく動き、それを牽引できるビジネスプロフェッショナルの育成が今求められています。この潮目の変化、有史以来経験したことのない市場環境のうえで付加価値を創り出していくというのは「世界初」でもあるのです。そうです、過去の取り組みや同業他社のベンチマーク、有識者インタビュー、海外先進事例調査などで「正解」を見つけようとしても理論的に存在しないのです。その中でより良きゴールを自ら描き、創り出していくことが求められているのです。

3つの思考法登場の経緯、日本の人口動態の構造的変化を見るだけでも、皆さんは「正解」がない課題に向き合っていくことが大前提であり、従来のコンサルタントスキルだけでは不十分である、と言った理由がおわかりいただけたでしょうか。

我々の挑戦――ビジネスイノベーション

本書でご紹介するスキルは、我々KPMGコンサルティングのビジネスイノベーションユニット（以下BIユニット）において重視し、日々プロジェクトで発動し、そして日々メンバー全員で研鑽しているスキルです。従来型の一企業の問題解決を超え、社会構造・社会課題解決といったより高い目線から「未来の新しい付加価値や産業・サービス」を創り出していくためのスキルであり、読者の皆さんが今後チームや組織、企業を牽引し、〝発展させていく〟うえで必ず役立つスキルだと信じています。もちろん、先述した通り普遍的なロジカルシンキングにも触れています。ぜひ、理解

図表5　本書で説明するスキルの特徴

章	スキル	“普遍的”なスキル	“アップデート”すべきスキル	“新時代”のスキル
第1章　マインドセット			●	
第2章　思考力	ロジカルシンキング	●		
	イノベーションシンキング			●
第3章　アウトプット力		●		
第4章　伝達力		●		
第5章　コラボレーション力	関係性構築力		●	
	ビジョニング			●
	オーナーシップ	●		
	メンタルタフネス			●
第6章　知識・情報	ビジネスセオリー	●		
	データリテラシー		●	
	先端技術トレンド			●
	社会課題			●

にとどめずに現場で実践いただきながらその意味や価値を感じ取っていただけたら幸いです。

　序章では、このプロローグで触れたような環境変化や新時代のビジネスプロフェッショナルに求められる使命そのものが大きく様相を変えている中で、日々の仕事や業務がどのような特徴や性質を帯びているのかを考察し、3つのキーワードでまとめています。その特徴・業務の性質を理解したうえで、その中で価値を継続的に発揮していくための〝新時代のビジネスプロフェッショナル〟スキルをフレームワークとしてご提示します。

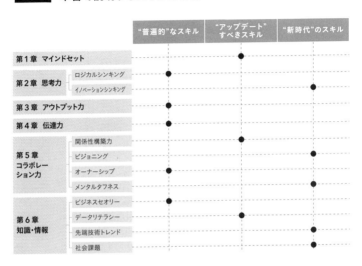

「3つの思考法」でも触れましたが、**従来と変わらない「コンサルタントの普遍的スキル」「環境変化に応じてアップデートすべきスキル」、そして潮目の変化に応じて新たに付加すべき「新時代のスキル」の違いがわかるように整理していますので、この全体像を常に頭に置きながら理解を深めてみてください**（図表5）。

本書執筆の目的は10年後、20年後、さらには30年後の日本社会をリードできる〝新時代のビジネスプロフェッショナル〟を一人でも多く生み出すことです。そのためにも、今我々が置かれている市場環境の理解・考察、そこから導かれるマインドセットをベースとして、必要なスキルを具体的に落とし込んでまとめたつもりです。

本書を読み終えた時に、「よし、未来を変えてやる！」と一人でも多くの方が前向きな気持ちになり、輝かしい日本社会の創造につなげていただければ幸いです。

佐渡　誠

目次

第1節　問題解決編（ロジカルシンキング）

第2節　問題発掘&価値創出編（イノベーションシンキング）

第3のスキル

アウトプット力　攻めのタスクマネジメントで脱作業者に

第1節　仕事の進め方編

第2節　ドキュメンテーション編

第6のスキル

知識・情報 価値創造のイントラパーソナルダイバーシティへの道

序章

持つべき
6つのスキルとは

向き合うべき仕事・業務の特性

プロローグで述べたように、新時代のビジネスプロフェッショナルに課された使命や期待値が変化している中、**身につけるべきスキル・マインドセットについても、その要請に合わせて変化していく**ものであることはご理解いただけたかと思います。これは単に従来重宝されたコンサルタントのスキル（ロジカルシンキングやプレゼンテーション等）をより高次に磨いていくということだけでなく、今までは強く意識されてこなかったスキル・マインドにも目を向け、掛け合わせていくことを意味しています。

まずは、これからの社会や企業の成長をリードするビジネスプロフェッショナルにどのような具体的なスキル・マインドセットが求められるかを説明する前に、潮目の変化を受けた今、若きビジネスプロフェッショナルが**立ち向かわなければならない仕事や業務の特性について考えてみたいと思います**。

読者の皆さんは今までどのような仕事に携わってきたでしょうか？　営業、マーケティング、研究開発、経営企画、財務、人事などの様々な部署・部門の中で、議事録作成や会議調整等の雑務タスクからデータ分析、企画アイデア出し、プレゼンテーシ

図表0-1　新時代のビジネスプロフェッショナルを取り巻く3つのキーワード

❶ 「**非定型**」な仕事内容	☑正解がない・正解を誰も知らない仕事 ☑今までのやり方や考え方が通用しない仕事	対比	**「定型的」な仕事内容** ☑やり方や答えが決まっている仕事 ☑前年踏襲・前例踏襲を繰り返すだけの仕事
❷ 「**自律的**」な仕事の進め方	☑自分の意思をもとに能動的に行動する仕事の進め方 ☑自分で立てたゴールを自分で実現する仕事の進め方	対比	**「受動的」な仕事の進め方** ☑上司からの指示を待つ仕事の進め方 ☑上司や周りの環境に流されながらアクションを取る仕事の進め方
❸ 「**共創・共感**」による問題解決	☑自分・自社の力と他者・他社の力を合わせることによる問題解決 ☑サービサー⇔クライアントの関係を超えた問題解決	対比	**「評論的」な問題解決** ☑豊富な事例や鋭い分析・ロジックによる一方的な提案・提言・レポーティング ☑アクションや実装につながらないアウトプット

ヨンといったビジネス推進に関わるタスクまで社会人として2〜3年もすれば一通り経験されていると思います。

その中で新時代のビジネスプロフェッショナルに期待される仕事やその進め方に関する**キーワードは「①非定型」「②自律」「③共創・共感」の3つに集約される**と考えています。既にこれらのキーワードを意識して仕事に取り組まれている方も、改めてこの3つのキーワードをもとにご自身の仕事を振り返ってみてください。

①「非定型」な仕事内容

「非定型」とは「正解がない・正解を誰も知らない」あるいは「今までのやり方が通用しない」といったことを意味します。逆に定型的な仕事とは「やり方が決まっている」「マニュアル通りにやるもの」といった仕事を意味します。デジタル技術の発展によって定型業務はことごとく機械化が進んでいます。ゆえに、非定型な仕事をこなす力が今後の人材価値に直結することは異論がないでしょう。先に挙げた様々な仕事の中にも非定型な仕事と定型な仕事が混在していますが、ご自身の今までの仕事内容や仕事の仕方がどちらに傾いているかチェックしてみてください。

非定型・定型業務に関するよくある誤解として、非定型業務＝企画職、定型業務＝事務職等といったイメージがあるのではないでしょうか。しかし前述の「非定型」の定義に基づくと、**企画職であっても前年踏襲・前例踏襲を繰り返すだけの企画業務は定型業務に位置付けられます。**コンサルティングの現場においても、過去のプロジェクトの学びを活かすのは大切なことですが、**無批判的な焼き直しやフレームワークの使い回しは定型業務と言っても過言ではありません。**業務改善のファーストアクションとして当然のようにコンサルタントが行ってきた業務プロセスの棚卸、プロセスフローへの落とし込み、といった業務でさえもはや「定型業務」と言っても過言ではありません。

つまり、ここでいう非定型とは前述の通り「正解がない」ものにアプローチしているかどうかであって、**前年通りというある種の「正解」にとらわれた作業や企画は非定型業務ではなく定型業務、ということになります。**前例が通用しない・前例のままでは市場での生き残りが見えないという環境になりつつある現代において、定型業務をこなすだけではご自身の部署や企業に新しい価値をもたらすことは難しいと考えるべきでしょう。この「仕事の特性」変化を何よりもマインドに深くセットすることが重要です。

②「自律」的な仕事の進め方

「自律」とは「自分の意思をもとに能動的に行動する」あるいは「自分で立てたゴールを自分で実現する」といったことを指します。市場が目まぐるしいスピードで変化している中で、企業や組織が存続していくためには環境変化に臨機応変に対応していくことが求められます。つまり、上司からの細かな指示を待たずに「自律」的に自分がなすべきことを明らかにして仕事を進められるかどうかは、新時代のプロフェッショナルとしての人材価値の向上だけでなく、企業や組織の成長そのものにつながります。

似た言葉で「自立」という言葉がありますが、こちらは「他者に依存せずに行動すること」を意味します。これはともすると、独りよがりのアクションや自分の意見を頑なに通そうとする「わがまま」につながります。たしかに「自分の意思を持って能動的なアクションを起こす」ということ自体は大切なことですが、仕事の目的や上司・クライアントの状況や考えていることを理解したうえで、自分の意思を律しながら行動を起こすことが重要です。そういう意味で「自立」ではなく「自律」という言葉を正しく理解して体現することが求められます。

また「自律型人材を育成する」といったテーマは企業・組織サイドの取り組みとして、例えば人事部が主導して社内施策を展開しているケースが多いと思います。一方で、**「自律」的な思考と行動を身につけるためには、各個人の意識付けと実践に尽きます。**新時代のビジネスプロフェッショナルを目指すうえでは、**企業・組織が提供する教育に頼るのではなく本書で説明するスキル・マインドを意識的に日常業務に取り込み、「自律」的に自律型人材になっていくことが望ましい姿です。**本書では、自分で物事を考えるための「思考力」、自分で仕事を推し進めるための「アウトプット力」といったスキルについて、読者の皆さんが「自律」的な仕事の進め方が実践できるような内容で解説していきます。

③「共創・共感」による問題解決

共創・共感とは「自分の力と他者の力を合わせて物事を進める」あるいは**「お互いを認めながら物事を進める」といったことを指します。**これまで当たり前のように思っていた「業界」構造を越えて、異業種企業が協働で会社を興したり、新製品を開発したりするようなニュースは増え続けています。市場や生活者のニーズが大きく変化・多様化する中で、**もはや「自分達だけで何とかする」といった思想では新しい価値を提供し続けることが難しいということを理解してください。**他メンバー、他チーム、他部署、他企業、他産業、他国（グローバル）といった、様々な「他」と協力して新しい価値を創り出していくことが求められているのです。

コンサルティングの現場においても、今までは業界や領域（企業戦略・サプライチェーン・人事など）別の豊富な事例・情報と複雑なロジックを組み合わせて鋭い〝提案・提言〟を行うといったモデルがすべてでしたが、近年ではスマートシティーや地方創生、複数企業コラボでの新規事業開発など、一クライアントとの向き合いを超えた〝共創的〟な座組みの構築やリードを依頼される機会が増えてきています。

新時代のビジネスプロフェッショナルを目指す皆さんにおいても、**将来的に様々な**

企業やグローバルな環境で新たな価値の創出を「共創・共感」という考え方でリードしていくために、まずは所属チームや所属組織の中で共創力・共感力を伸ばしていくことが必要であると考えています。

本書では、「共創・共感」の考え方に基づいた「思考力（イノベーションシンキング等）」、「アウトプット力（期待値マネジメント等）」、「コラボレーション力」について解説します。様々な「他」とどのように仕事を進めていくか、そのエッセンスについて理解していただければと思います。

以上、新時代のビジネスプロフェッショナルが具備すべきスキルを考えていくうえで「①非定型」「②自律」「③共創・共感」の3つのキーワードが重要なものであることはご理解いただけたでしょうか。これらのキーワードは今までも存在してきたもので何を今さらというビジネスプロフェッショナルの読者もいると思いますが、改めてこの3つのキーワードを念頭にご自身のこれまでの仕事を振り返りながら、まずは本書で説明していく6つのスキルについて概説していきたいと思います。

新時代のビジネスプロフェッショナルのスキルフレーム——6つのスキル

それでは3つのキーワードをもとに、**具体的にどのようなスキルを身につけていくべきかについて説明したいと思います。**これらのキーワードについては「頭では分かってはいるけど、実際にどうすれば身につけられるか分からない」という方も多いと思いますので、まずはそのような方々の心の声を挙げてみながら本書で掲げるスキルフレームの特徴を解説します。

「知っているけどできない」——心の声その1

社会人になってから、世の中にある様々なスキル本や自己啓発本を読み漁ったりしてみたけれども、**「知っている」と「できる」は全く違う**ということに苦慮されている方も多いのではないでしょうか。例えばロジカルシンキングの本を読んでMECEやロジックツリーという言葉・ツールを知ったのは良いものの、いざ上司に説明したり資料に落とし込んでみたりすると自分が考えていたことがうまく表現できない、といった経験があると思います。

もちろん本を読んですぐにできるようになるものでは決してないのですが、筆者は「知っている」と「できる」の間にもう一つの概念として「なぜやるのか」「やればこうなれる」というマインドセットの側面を付加すべきと考えています。**マインドセット・心の持ちようを理解・腹落ちしないと、どれだけスキルを知っていたり実践したりしていても、スキルはうまく作動しません。**本書ではいきなりスキルの説明をするのではなく、まずは新時代のビジネスプロフェッショナルが**持つべきマインドセット・仕事への向き合い方をスタート地点に説明を進めていきます。**

「仕事のゴールが分からない」――心の声その2

特に「非定型」な仕事においては、自分がいま何をしていて何を目指しているのかが分からなくなることがあります。上司から「1週間後のクライアントMTGは○○と○○のアジェンダでいくから準備よろしく!」と言われて頑張って資料を用意するものの、「こういうことじゃないんだよね……」とフィードバックされて徹夜で作り直す、といったような経験は大なり小なり皆さんにもあるのではないでしょうか。

世の中には様々な仕事がある中で、本書では**仕事の究極のゴールとは「人や組織をより良い方向に動かすこと」と考えています。**「動かす」という言葉には「元の状態から別の状態に遷移させる」という意味があります。

例えば、社内の営業会議で「自分の企画案を上司に理解してもらい実行推進の承認を得る」、クライアントMTGで「自分たちのオペレーション改善策をクライアントに理解してもらい、その改善策の検証をクライアント内で進めてもらう」といったことが「動かす」の具体例です。仕事というのは、資料を作成して終わり、提案・提言をして終わり、ということではなく、**上司やクライアントにいかに動いてもらうか、前に進んでもらうかを含めた活動と捉えることが重要です。**したがって本書では「動かす」ことを最終地点に置いたフレームワークを提唱しています。

OSとアプリとCPUの関係性

本書が掲げるスキルフレーム（図表0－2）はマインドセット（OS）、技術（アプリ）、知識・情報（CPU）の3つの要素で構成しています。**まずマインドセット（OS）として仕事への向き合い方を自分の中で整理・腹落ちしたうえで、技術（アプリ）として自分で物事を考える技法や仕事の進め方、アウトプットの仕方を身につけることが重要です。**

また知識・情報（CPU）は、マインドセット（OS）と技術（アプリ）を正しくか

図表0-2　スキルフレーム

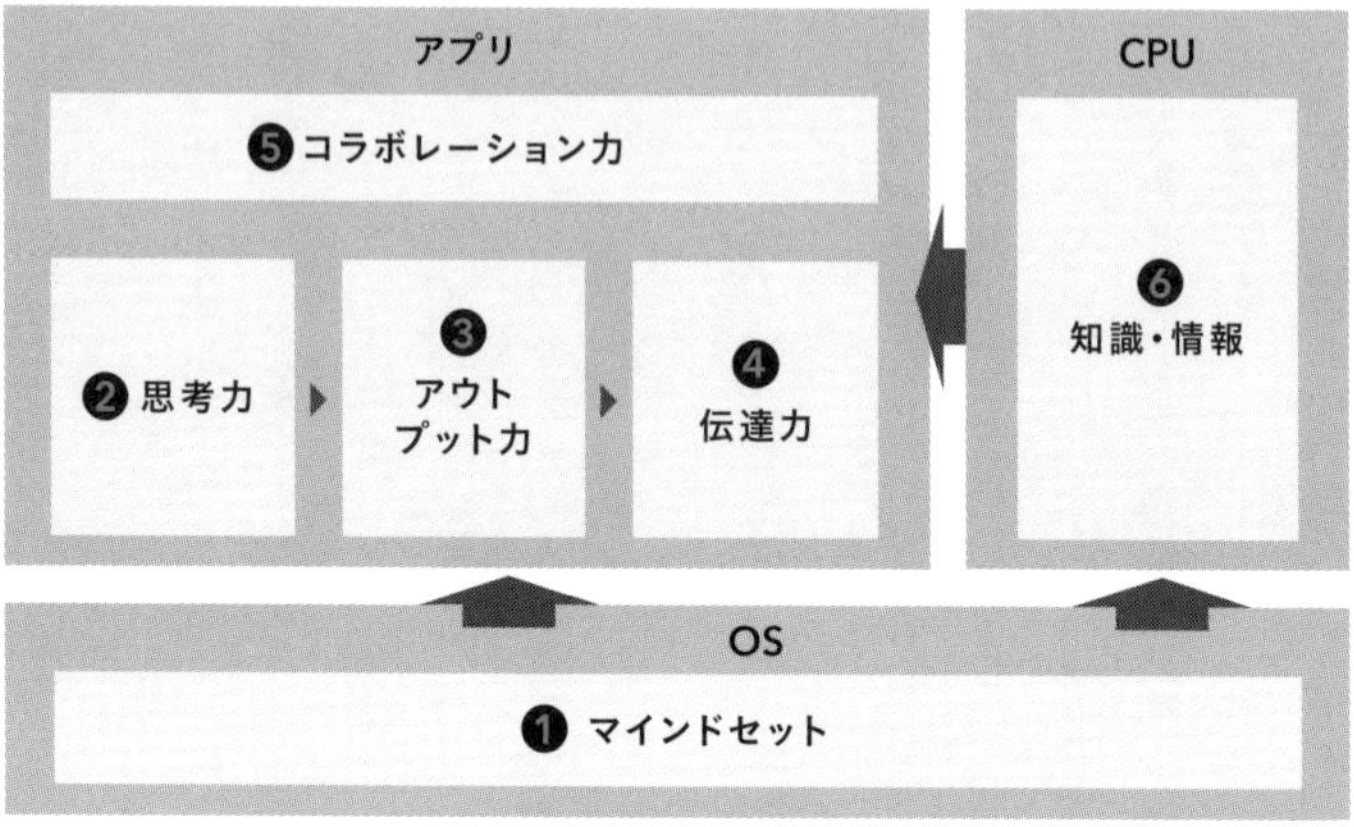

つ俊敏に動作させるとともに、仕事のアウトプットに付加価値を与えるための活性剤となります。先述した環境変化を思い返していただけると、よりこのフレームの意味が理解できると思いますが、これまでも多くの書籍において紹介されてきた**「コンサルタントスキル」の習得だけでは、〝これから〟のリーダーには十分ではないのです。**そのスキルをどのように使うのか、どのような使い方が今求められているのかというマインドセット、そしてより付加価値あるアウトプットを創出していくために、目まぐるしく変化する周囲の情報や知識の吸収・反映というレバーも止まることなく引き続け、そのレバーを正しく作用させること

が必須なのです。

新時代ビジネスプロフェッショナルになる方においては、いずれの要素が欠けても良い仕事や良いアウトプットは出せないことを理解したうえで、各スキルの概要について説明したいと思います。

①OS

マインドセット（OS）はすべての仕事・ビジネス活動の大本となる心の持ちようや仕事に臨む姿勢であり、**マインドセット（OS）が不安定な状態ではいかに素晴らしい技術（アプリ）や豊富な知識・情報（CPU）を持っていても、自分が持つ力を最大限に発揮することはできません。**プロローグで述べたような大局的なマインドだけでなく、より日常的なシーンに落とし込んで非定型な仕事にどう向き合うべきかといった内容やラストマンシップとしての自己のあり方、複数の人・組織との協働的な仕事が増えていく中で必要となる想像力といったテーマについて触れていきます。

②〜⑤アプリ

技術（アプリ）は世間一般で言われているいわゆる「スキル」に近いもので、仕事や作業を進めるために活用する能力・テクニックであり、仕事の質とスピードを決定づける大きな要素になります。技術（アプリ）は、**「考える」→「作業・アウトプットする」→「伝える」→「動かす」という4つの段階から成ります。**

「考える」では、〝問題解決〟のためのロジカルシンキングや論点思考・仮説思考といったコンサルタントの普遍的なスキルを解説するだけではなく、「定型」ではない仕事に向き合わなければならない時代に入ったからこそ備えるべき次世代の思考様式としてデザインシンキングやアートシンキングなどに代表されるイノベーションシンキングについても触れたいと思います。

「作業・アウトプットする」では、仕事の進め方・タスクマネジメントや若手のビジネスプロフェッショナルの大きな仕事の一つである資料作成（ドキュメンテーション）について解説します。上長の期待値マネジメントや自分の思考を適切に言語化することは信頼獲得につながる第一歩となるスキルですので、筆者のこれまでの経験も交えながら説明していきたいと思います。

「伝える」では、会議を中心としたコミュニケーションやプレゼンテーションスキルについて触れていきます。自分の想いをただ伝えるだけではなく、「対話」による関係構築や意思疎通を図っていくことの重要性とその実践方法について説明したいと思います。

「動かす」では、リーダーシップとフォロワーシップを発揮して周囲と協働しながら仕事を推し進めるためのヒントや他者と関係を構築していくために心がけるべきことについて説明します。リーダーシップはリーダーだけが発揮するものではなく、協働する各個人がリーダーシップという前向きな意識と行動力を持って仕事に臨むことが重要です。人を動かす力は新時代のビジネスプロフェッショナルの皆さんにとって必ずや将来必要となる新しいスキルだと思いますので、理解を深めて頂きたいと思います。

⑥CPU

知識・情報（CPU）はいわゆる業務知識・業界知識や昨今ではデジタル知識等のように、仕事を行ううえで頭に入れておくべきこと・知っておくべきことを指します。**知識・情報量が多いほど幅広い視点で物事を考えられますし、引き出しが多いほど効率的に仕事を進められる可能性が高まるので、**知識・情報（CPU）も仕事の質とスピードに大きく影響する要素です。

またプロローグでも触れた通りアートシンキングなどを発動する際にもやはり時代

の最先端情報やテクノロジーの進化に関わる話などには常に触れていることが有効です。ここでは特に新時代のビジネスプロフェッショナルに欠かせないデジタル素養や知識・情報の新結合によるイノベーション創出の重要性について解説します。また日頃どのような姿勢や意識で世の中にある情報に向き合い、情報を収集していくと良いのか、筆者の経験も交えながら説明します。

これらのスキル・マインドセットは一朝一夕では身につくものではありませんが、まずはスキルフレームワークに沿って体系的にスキル間の関係性やスキル獲得の目的・ゴールを理解することが重要です。一つ一つの技術（アプリ）を高次に身につけても、マインドセット（OS）が疎かになれば持続性・再現性はないですし、知識・情報（CPU）がなければ技術（アプリ）でアウトプットした内容の納得感・妥当性を担保することはできません。

流行りのテクニックや知識に飛びつくことなく、次章以降で説明していく6つのスキルをバランスよく身につけることが、新時代のビジネスプロフェッショナルに求められることであり、今後も起こり続ける様々な環境変化に適応し新たな価値を生み出し続ける人材になる近道でもあると考えています。

序章　まとめ

● 新時代のビジネスプロフェッショナルは、「非定型な仕事内容」「自律的な仕事の進め方」「共創・共感による問題解決」といった仕事の特性に向き合う必要がある。

● 新時代のビジネスプロフェッショナルが身につけるべきスキルは、「マインドセット（OS）」「技術（アプリ）」「知識・情報（CPU）」の3つの要素から成る。

● 技術（アプリ）だけを高次に磨いても、マインドセット（OS）が疎かになれば持続性・再現性のない仕事になり、知識・情報（CPU）がなければ納得感のないアウトプットになる。

● 流行りのテクニックや知識に飛びつかず、必要なスキルをバランス良く身につけることが、これからも起こり続ける環境変化に常に適応し続け、社会や市場に価値を生み出し続ける人材になる近道となる。

第
1
のスキル

マインドセット

正解のない問題に
立ち向かう意識と思考

正解のない仕事にどう立ち向かうか？

正解のない仕事とはどのようなものでしょうか。「正解のない仕事はワクワクする」「正解のない仕事なんてどうやったらいいかわからず難しそう」といったイメージや「正解のない仕事と言えば企画職」「正解のある仕事は経理や総務」といった職種に紐づいた印象等、人によって様々な意見があると思います。

例えば、チーム内で新商品のマーケティング戦略を検討する場合に、10年目のAさんが提案する内容と2年目のBさんが提案する内容が異なることは容易に想像できます。この場合、Aさんの提案する内容が必ずしも正しいとは限りません。

経験が浅いBさんだからこそAさんが惰性的に行ってきた企画や習慣に違和感を覚えることができるかもしれません。また業務に非効率な箇所が生じていて、早急に手当てをしなければならない場合に、同じような課題解決を図った他社の事例を調べて適用する、といった単純な横展開でマイナスをゼロに戻すような業務は比較的「正解」というものが存在すると思ってもいいでしょう。

ただし、先述した通り、潮目が変わった中にあって「何をすべきか？」といった問いから始まる業務はすべて「正解」がない、と捉えるべきです。

図表1-1　正解のない仕事への向き合い方

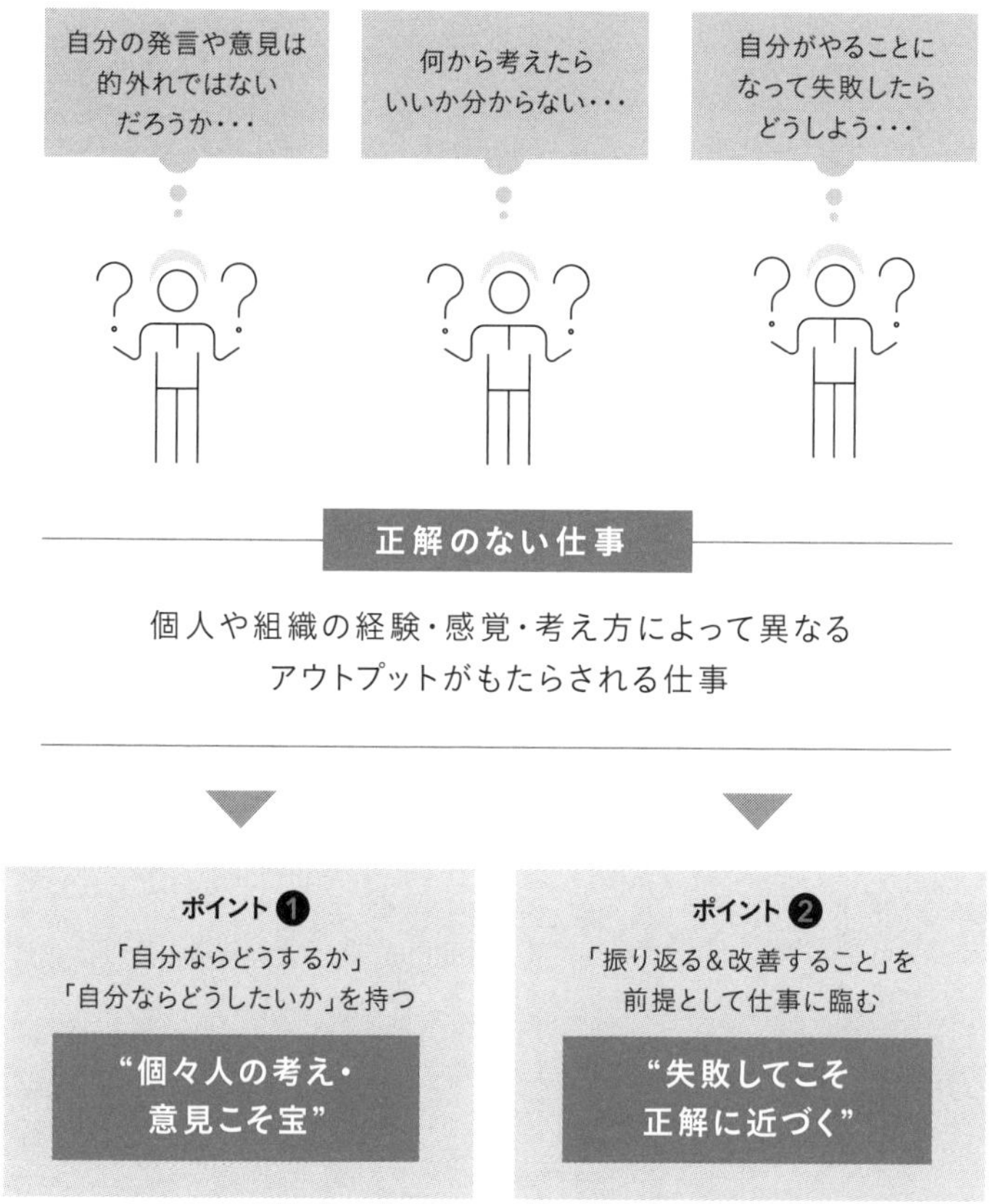
自分の発言や意見は的外れではないだろうか・・・
何から考えたらいいか分からない・・・
自分がやることになって失敗したらどうしよう・・・
正解のない仕事
個人や組織の経験・感覚・考え方によって異なるアウトプットがもたらされる仕事
ポイント❶
「自分ならどうするか」「自分ならどうしたいか」を持つ
“個々人の考え・意見こそ宝”
ポイント❷
「振り返る&改善すること」を前提として仕事に臨む
“失敗してこそ正解に近づく”

つまり、**正解のない仕事とは「個人や組織の経験・感覚・考え方によって異なるアウトプットがもたらされる仕事」と定義できます。**

それでは前述のような正解のない仕事に向き合う際の難しさとはどのようなものでしょうか。正解のない仕事では、人によって出てくる答えが異なるために、「自分の発言や提案は的外れではないだろうか」「経験年数・社歴も浅い自分の考えなどはきっと浅い意見だとはじかれるのではないだろうか」「自分が提案したことをやることになって失敗したらどうしよう」といった不安に包まれると思います。

この段階で「経験や前例が価値の源泉」となってきた従来の延長線思考に縛られてしまっていると思ってください。それでは「未来の付加価値」は創れないのです。常に成功事例がある、正解を出さなければならない、という長く縛られてきた経済発展の呪縛なのです。また日本の学校教育の中で一つの正解に向かってどうやって素早く問題を解くかということを習慣付けられてしまった後で、いきなり正解を求めないようにマインドセットや思考方法を切り替えるのはなかなか難しいことです。

それでは、**正解のない仕事に立ち向かっていく際に、どのような姿勢・マインドセットを持つべきなのでしょうか。**我々KPMGコンサルティング・ビジネスイノベーションユニットにおいて、特に重視し、ユニット配下のコンサルタントが何よりも大切にしている次の2つの姿勢こそがその鍵だと言えます。

①「自分ならどうするか」「自分ならどうしたいか」を持つ（〝個々人の考え・意見こそ宝〟）
②「振り返る&改善すること」を前提として仕事に臨む（〝失敗してこそ正解に近づく〟）

①「自分ならどうするか」「自分ならどうしたいか」を持つ

まず若手のビジネスプロフェッショナルの皆さんに覚えておいていただきたいのは**「正解のない仕事」だからこそ「個々人の思考価値や発言価値が高い」ということです**。繰り返し何度も言いますが、〝これから〟の仕事のほとんどは正解がないのです。正解のない仕事をより正解（これは将来になって検証しないとわからない）に近づけるためには、多様な意見を出して多様な視点で検証し合い、関係者が納得できる解決策を探ることでしか成し得ません。むしろ**正解がないのに少数の意見をもとに正解だと思って突っ走ってしまうことにこそ、後になって取り返しのつかない状況になってし**

まうリスクにつながります。

例えば現代の消費経済を見てみると似たような商品やサービスが溢れかえっていることが分かります。大量生産・大量消費の時代であれば、いかに同じ商品をミスなく効率的に生産できるかが競争の争点でしたが、モノが溢れかえるとともに生活者の価値観や嗜好が多様化している中、「同じ」であることの価値は下がっていると捉えるのが自然でしょう。今でも「他社はどうしているのか？」「過去に成功した事例はないか？」そこから正解を〝見つけよう〟とする行動様式を基本としているビジネスリーダーを多く見かけます。

恥ずかしながら我々コンサルティング業界にも少なからず存在します。インプットとしてアンテナを張るのはもちろん良いことです。問題なのは、正解を見つけよう、というマインドがもはや古いタイプのリーダーである、という点です。正解がない時代に入った以上、**正解は自分から〝創りにいく〟べきなのです。**このマインドチェンジが何よりも大事なのです。

正解のない仕事を目の前にすると様々な不安が出てくると思いますが、まずは「自分ならどうしたいか？　自分ならどうすると思うのか？」ということを徹底して自分自身に問いかけることが、スタート地点です。例えば「会議で発言しないならその場にいる意味がない」ということが言われますが、それは「真剣に取り組んでいない」という個人の姿勢に対する批判や「時は金なり」という時間対効果の話でもあります。「個々人の思考・発言こそ宝の山である」というポジティブな意識を持って仕事に臨むことが重要です。

少し具体的な例で考えてみましょう。「(大手小売企業で)新しく立ち上げた新業態店舗の顧客獲得のために新たなマーケティングチャネルを開発する」という課題に対して、「ローカル市場でファミリー向けの明確な差別化ポイントが立証できたので、次期戦略としてファミリー向け業態を全国的に店舗展開していく」という上長の構想があった時に、「最近TikTokが流行っているからTikTok用の動画を作ってそこからの新規流入を増やしましょう」というアイデアがあったとします。皆さんはこのアイデアをどのように捉えるでしょうか。

第一印象として「ファミリー向け業態と言っているのに若者に人気のメディアであるTikTokを使うなんて的外れだ」「SNSでバズったところで実際に来店して買ってもらわないと意味がないから無駄だ」と思う方もいるかもしれません。しかし「TikTok売れ」が日経トレンディ2021年12月号の「ヒット商品ランキング」の1位を獲得していたりすることから、例えば全国の若年子育て層の情報収集ツールとしてのTikTokのマーケティングパワーを検証しないままに切り捨てて良いものでしょうか。

新業態として社内のマス広告予算は確保し難い場合に全国展開×SNS活用は理に適っていますし、Instagramが友人間での写真共有ツールから企業の広告宣伝やEC送客ツールとして活躍しつつあるデジタルマーケティングの波の中で、先行的にTikTokを活用したマーケティング活動を開発・ナレッジ蓄積して既存事業に横展開していくという投資的側面にも気づけるかもしれません。

特に若手のビジネスプロフェッショナルの皆さんにとっては、上長にはない感性で“無邪気に”発言できる特権のある期間にどれだけ自分の思考・発言を外に発信できるかが重要です。そうすることで、自分の思考・意見がアップデートされ、その後に回ってくる仕事の質が向上することが期待できます。

もちろん何の考えもなしに適当な提案や発言をすることはいけませんが（どのように正しく考えるかについては、第2章の思考力のパートで説明したいと思います）、**自分の頭で考えた「自分ならこう考える」「自分だったらこうする」という仮説や提案に一定の勇気を持って打ち出していくことが正解のない問題に立ち向かう第一歩です。**

②「振り返る&改善すること」を前提として仕事に臨む

正解のない仕事におけるもう一つの重要なポイントが「改善し続ける」ということです。いくら個人の発言価値が高いとはいえ、何度も議論の本筋から離れた発言をしていると当然周囲からの信頼を失うことにつながりますし、いつまでも自身の思考や発言にとらわれてしまっては頑固で一緒に仕事がしづらい人だと思われても仕方ありません。第2章で説明する仮説思考にもつながる内容ですが、**自分が考えたことや発言を唯一の正解と思い込まず、今その時点で自分が考え得るベターな「仮説」でしかないということを認識する必要があります。**そうすることで周りの意見と自分の意見の差に焦点がいき、より良い仮説を探そうとする意識につながります。まずは「自分ならどう考えるか」「自分ならどうするか」「自分はどうしたいのか」という意見・考えを整理したうえで外に発信・発言し、他の人の意見との差を捉え、自分の考えを磨いていくことが重要です。

正解がないということは、すなわちどこまでいっても完璧な答えがないということですので、完璧な答えがない以上、より良い仮説を探索し続けることが正解のない仕事の本質であると捉えると良いでしょう。

ここまで読んでみると「正解がないものに対してどこまでやるべきか?」「議論の本筋から極力離れないようにするにはどうすれば良いのか?」という問いを持たれる方がいるかもしれません。ともすると本当はそこまでやらなくても良いのにやり過ぎてしまったり、とりあえずある程度のところまでやればいいという姿勢となり、上司やチームの期待に応えられなくなったりしてしまうことが発生します。

次項ではより良い仮説をどこまで探索するかという問いに対する一つの考え方として、あらゆる仕事に存在する「相手」というものをどう捉えるかという切り口から見ていきたいと思います。

すべての仕事は「相手」ありき

皆さんが携わっている仕事の中で「相手」が存在しないことはあるでしょうか。一人で黙々と作業をしていても、必ず先輩、上司、取引先、クライアント、あるいは顧客、市場、社会そのものを「相手」に仕事をしていると思います。構造的に捉えると、**あらゆる仕事はInput-Process-Outputの関係で成り立っています**。Inputとは仕事に必要な情報を外部から取得すること、Processとは集めた情報を加工したり分析したりするといった具体的な作業を行うこと、OutputとはProcessで加工・分析・整

図表1-2　仕事の構造：Input-Process-Output（IPO構造）

Input
（情報収集）

- 仕事の目的を果たしゴールを達成するために必要な情報を集めること
- 仕事を進めるうえでの「前提」「状況」「期待値」等といった情報を“相手“から引き出すことが重要

作業に不安がない状態になるまで相手から情報を“聞く・引き出す”

Process
（処理・作業）

- 仕事の目的・ゴールを達成するために、集めた情報の加工・分析等の具体作業を行うこと
- Inputで適切な情報が集められている場合にのみ、意味のあるProcessとなる

適切なInputがあって初めて適切な作業ができる

Output
（成果の生成）

- Processで加工・分析した内容を整理して外部に対して成果として提供すること
- 自分が作業した内容を“相手”に正しく理解・納得してもらい、一緒に仮説を磨くことが重要

相手の意見を“リスペクト”して“仮説を磨く”

理した内容を外部に対して成果として発信することを指します。Processは文字通り「処理」をしているだけですが、**仕事の構造からみるとInputあるいはOutputの前提となる「相手」というものが仕事には必ず存在するということになります。**これがすべての仕事は「相手」ありきということでまず理解していただきたい内容です。

次に正解のない仕事において「相手」というものをどのように捉えると良いかについて考えてみたいと思います。前述の構造の中で、例えばInputとしての「相手」の視点が欠落している場合に何が起こるでしょうか。Inputには作業に必要な一般的な情報・知識だけでなく、「前提」「状況」「期待値」といった情報も含まれます。仕事において相手が持っている「前提」や「期待値」を考慮せずに、自分の頭の中で勝手に思い描いている〝理想的な状況〟や〝こうだったらいいな〟という偏った情報だけでアイデアや仮説が組み立てられてしまうと、それは仮説ではなく論拠なき思い込みや幻想と呼ばれます。正解がない仕事だとは言っても、あまりに自由演技すぎる仮説は受け入れられない可能性が高いと認識しておくべきでしょう。

同様にOutputとしての「相手」の視点が欠落しているパターンも見てみましょう。この場合、Inputも取り揃えて自分なりに考えた仮説を上司に提言する場面をイメージしてみます。「相手」を意識しないままに説明を進めると、例えば相手の頭の中やリテラシーを考慮せずに延々と自分が考えたことを説明して結果として相手の頭に何も残らないといった「演説」や、提言の内容に対して上司がより良いブラッシュアップポイントを提示しているのに、自分の仮説に固執するあまり要らぬ議論を生むといった「論争」のような状況が発生します。その結果、中身は正しかったかもしれないのに、結果として上司に仕事を巻き取られてしまい、自身の成長の機会を失うといったことにつながります。

自分自身に物事を進める決裁権や裁量がない段階においては、「せっかく時間を掛けて考えたアイデアなのに」という感情をぐっと抑えることが、「相手」のいる仕事において重要なセルフコントロールです。まずは初めから自分の意見や提言をすべて聞き入れてもらおうとせずに、「相手」に対していかに「自分の提言やアイデアの〝要素〟を取り入れてもらえるようにするか」ということにフォーカスをするのが得策でしょう。このような営みを繰り返していくことで、「相手」からの信頼を少しずつ勝ち取ることができ、より裁量の大きな仕事へとつながっていきます。

改めて「相手」を仕事の構造におけるInputとOutputの視点でまとめると、**Input側の「相手」は自分の仕事において出すべき示唆・提言の検討に必要な情報を出してもらう存在であり、Output側の「相手」は自分が出した示唆・仮説・提案を理解・**

納得してもらう存在であると捉えることができます。「Input側の「相手」は自分が必要な作業をするにあたって必要となる情報を引き出す先として、Output側の「相手」は自分が作業した内容を伝えてより大きなレイヤーの中で物事を前に進めてもらう先として捉えるものとも言えます。InputとOutputが同一の人物になることが多いと思いますが、同じ人物と接していてもこのような違いを意識して向き合い方を変えることが重要です。

「相手」というものがどういう存在なのかが分かったところで、その「相手」に対して仕事上どのような意識で向き合うと良いのかについて説明したいと思います。ここでも仕事の構造のInputとOutputの視点から考えてみます。

Input時の「相手」との向き合い方――作業に不安がない状態になるまで相手から情報を〝聞く・引き出す〟

Inputでは作業に必要な一般的な情報・知識だけでなく、「前提」「状況」「期待値」といった情報を含めて、どのレベルの粒度や期待値をもとに作業・検討すべきかを把握することが重要です。

ここで持つべき意識は「自分が作業するうえで不安に思わない状態になるまで、相手から話を聞く・引き出す」ということです。ある程度の経験を積めば、「こういう課題についてはこういう論点がありそうだから、まずはここまで調べてこのレベルで整理してみよう」ということを自発的に考えて生み出すことができるようになりますが、正解のない仕事に関わる経験が浅い場合、「どこまでやればいいのだろうか」「これで合っているのだろうか」という悶々とした状態から仕事がスタートすると思います。

それを自分の思い込みや自分の頭の中にある情報だけで処理しようとすると、ギャンブル的な確率で「相手」が思っていたことと合致することもありますが、ほぼ必ずと言っていいほど「相手」が思っていたこととの乖離が生まれます。そこを埋めていく作業は、「相手」に聞くことでしか解決はできません。いきなり相手の立場に立ってみろと言われても、日常生活を送っているだけでは自分の立場からしか物事を見たり考えたりする機会はないと思います。**まずは「相手」の話をよく聞き、必要な情報を引き出すことで「相手」が考えていることや頭の中にあるものを理解することから始めるのが重要です。**

ただし、「相手」の話や意図をよく聞き、理解することが重要である反面、**「相手」の話を丸受けしてただ作業をこなす、ということは避けるべきです。**「相手」が言っていることをそのまま鵜呑みにして、表面上の整理だけ行って「はい、これが課題です」というように、上司やクライアントが「課題」と言ったのだからそれさえ解けば良い、という受動的な態度は何も考えていないのと等しいものと筆者は考えています。

前述の通り、先例依存・前例踏襲のようなことが蔓延っている中で、「相手」の言うことを「そのまま」すべて受け入れてしまうことは、いつまで経っても価値の出ない・成果の出ない仕事に汗水を流してしまうことにつながりかねない、非常に危険な姿勢と言えるでしょう。

Outputの時の「相手」との向き合い方——相手の意見を〝リスペクトしながら、仮説を磨く〟

Outputの視点では、自分が考えた内容を「相手」に理解・納得してもらい、物事を前に進めることに焦点を当てることが重要であると説明しました。ここで持つべき意識は「相手へのリスペクトを持つ」ことと「今ある仮説はより良い仮説のための一つの素材でしかない」ということです。自分が夜な夜な必死になって考えた仮説やアイデアに注文をつけられると、誰しも少しはムッとすることもあるかもしれません。

その時に「でも」や「しかし」のように「相手」を否定するような言葉から入ることはせず、**「相手」に理解・共感してもらうための「リスペクト」を示す・尊重することから始める必要があります。**実際のコンサルティングの現場でも、クライアント企業のビジョン策定等を行う際にクライアントの社員の皆さんとワークショップを行うケースが多いのですが、「他の人の意見を否定しない・肯定し合う」というルールを必ず周知・徹底して議論を行います。そうすることでお互いの意見を認め合う雰囲気を醸成して、自分たちの強みや目指したい姿に関する様々な意見を重ね合わせながら、より良い未来像を描くということを行っています。

上司であってもクライアントであっても、「相手」を尊重して初めてコミュニケーションが成り立つという基本原則はぜひとも覚えておいてください。

また「今ある仮説はより良い仮説のための一つの素材でしかない」というのは、一個人の一仮説だけではより良い仮説に近づくことはできない、つまり**仮説を積み重ねることでしかより良い仮説は生まれない**ということです。自分の力で何とかしてより良い仮説を導き出したいという前向きな気持ちを持つことは素晴らしいことですが、そもそも仕事のゴールはより良い仮説をもって物事を前に進めること・動かすことにあります。解くべき問題や解決すべき課題が複雑化している中、たった一人で仮説を積み重ねることは不可能であると認識しておくべきです。

とは言っても、日々仕事を行っていると「上司の言っていることがよく分からないので、上司の考えを聞き出そうにもうまくできない」「先輩の発言には結論がないのでどう対応したら良いか悩む」ということがあるかもしれません。次項では、これらの問題に対してどのような意識を持っておくと良いかについて明らかにしていきたいと思います。

感情を切り離す&事象にフォーカスする

人は目の前で起きた事象をすぐに素直に受け入れることはできません。目の前で起きた事象が望ましくない「問題」であった場合、なおさら易きに流れたり目を背けたり後回しにしたくなることはよくあることです。

過去に筆者自身がジュニアメンバーだった時も、マネージャーに対して「なんでこんなに丁寧に説明しているのに伝わらないんだ!」「もう時間もないしこの仮説で通してほしいんだけどなぁ」「夜も遅いから今は何も考えずに言われたことに従っておこう」といった思いを抱くことは多々経験してきました。そうした思いに至るのは「自分が正しい」というプライド、「考え直すのが面倒」という態度・姿勢、「まあいいや」という諦め等、様々な感情が背景にあったのだと思います。

また、一方で、求められる仕事のスピードが上がり、仕事を進めるうえで巻き込まなければいけない人・関係者が増える中で、次から次へと目の前にやってくる問題に対して毎度先述のような感情に振り回されていると、多くのストレスを抱えたままで作業の効率も上がりませんし、プライドの高い人や面倒くさがりの人だと思われて上司やチームメンバーとうまくやっていくことが難しくなるというのは想像に難くないでしょう。

何年か経って過去を冷静に振り返れば「ああすればよかったな」と反省することができるのですが、いざ当事者として目の前にある「一見受け入れ難い状況」に対処しなければならない時に、どのような心持ちでいると良いのでしょうか。仕事は人生の一部でしかないですし、人は感情なしに生きることはできませんから、ここでは**仕事に臨むうえで感情に左右されないようにするために持つべき3つの意識**を取り上げてみたいと思います。

①事象を「可視化」する
②議論に「勝つ」ではなく、「すり合わせる」

③目の前にある状況を俯瞰して「モニタリング」する

①事象を「可視化」する

感情とは各々の心の中にある目に見えない気持ちなので、**感情を切り離す手っ取り早い方法は、議論の対象となっているものを「可視化」することです。**例えば、メモを取ったりホワイトボードを使ったりするだけでも相手の発言や主張のみを取り出して手元で「可視化」することができるため、感情を切り離した状態で相手の情報を受け取ることができます。特に正解のない仕事においては抽象的・概念的な議論が多くなりがちですが、口頭だけで抽象的な内容がやり取りされてしまうと、挙げられている情報がファクトなのかその人の感想や印象なのかが分からなくなって、何となく受け答えしたり対処したりしがちになります。

そうして発生した認識の齟齬が時間とともに大きくなって予期せぬ事故やリスクを呼び起こすことにもつながるのです。自分が理解できないハイコンテクストなコミュニケーションをされて「何を言っているか分からん！」と言う前に、そのまま分かったつもりにせずローコンテクストに落として相対することが重要です。その場で分か

図表1-3 **感情を切り離す3つのポイント**

❶
事象を「可視化」する

☑ 議論の対象となっているものを、手元のメモやホワイトボードに可視化する

☑「何を言っているかよく分からん」ではなく、「分かるように文字・言葉に落とす」ことを心掛ける

×

❷
議論に「勝つ」ではなく、「すり合わせる」

☑ 議論は自分の意見のお披露目ではなく、ゴールの達成のためにあると考える

☑ 仮説や意見を様々な細かい要素の視点で見つめて、「建設的」なコミュニケーションを心掛ける

×

❸
目の前にある状況を俯瞰して、「モニタリング」する

☑ 自分を取り巻く物理的環境を幽体離脱した目線から客観視すること

☑ 目の前の状況を冷静に捉えて、今やるべきことを自分の中に腹落ちさせる

らなければ、後で自分なりに言語化をする・資料に落として整理してみるといったことを実践するとよいと思います。よっぽど自分の得意領域でない限り、初めからハイコンテクストな上司からのフィードバックや発言を一発で理解して、その場でネクストアクションを考案することは難しいですから、**自分なりに起きていること・言われていることを可視化する経験を積み重ねていくことが重要だと思います。**

筆者自身もクライアントMTGが終わったらパソコンのメモ帳機能を使って、次の議論に向けた前提、論点、作業アプローチ、アウトプットイメージを必ず言語化しています。そうしないといま何をすべきかがもやもやしたまま日々を過ごすことになるので、そういった感情から自分を解き放つために「可視化」という手段を日常的に取り入れています。

②議論に「勝つ」ではなく、「すり合わせる」

会議や議論での発言・提案は、「自分のロジカルシンキング力を見せつける」ためでも、「自分の考えた仮説を作品のようにお披露目する」ためでもなく、人やビジネスを動かすというゴールに向けたものであるという意識を持つことは非常に重要です。

例えば上司にコテンパンにフィードバックされることが続くと「なにくそ」「これでどうだ」という気持ちが芽生えると思いますが、これを勝負ごととして捉えてしまうと、対症療法的な思考になったり、不毛な議論準備に時間を使ってしまったりと、さらに状況が悪くなることにつながります。そうならないためのポイントとして、**自分の仮説や意見は様々な要素の集合からできていると考えると相手からの意見や考えが受け入れやすくなります。**

例えば、「ロジカルシンキングができていない」と言われた時に、まず指摘対象となっている「ロジカルシンキング」を「ロジカル」と「シンキング」に分解します。さらに「ロジカル」は「論理構造（前提・結論・根拠）」「論理展開（演繹・帰納）」等に分解され、「シンキング」は「認知・解釈（主観的認知・メタ認知等）」「概念操作（具体化・抽象化、分解・統合等）」等に分解されます。「ロジカルシンキングができていない」ということを字句通り受け取ってしまうと、ぼんやりとした能力不足を指摘されているような気分になるかもしれませんが、このように分解していくと具体的に自分に何が足りないのかを「建設的」に理解する頭に切り替えることができます。

上司からフィードバックされた内容の全体感をぼんやりと受け取るのではなく、一つ一つの要素に着目して何について話されているのかを意識的に切り分けていくと、すり合わせるべき対象が明らかになり、自然と感情の切り離しができるようになります。要素分解に関する考え方については次章でも詳しく説明したいと思います。

③目の前にある状況を俯瞰して「モニタリング」する

よく自分を客観視することが大切だ、と言われますが、たしかに自分を客観視できれば、いま自分が喜怒哀楽のどの感情にいるのかが分かるような気がします。一方で、実践的な観点で自分を客観視するのはなかなか難しいことだと思います。筆者がよく心掛けていることとしては、**自分とその周囲の状況を上から「モニタリング」して見ている幽体離脱のようなイメージの感覚を持つことです。**

例えば「上司と次回クライアントMTGで提示する仮説を決める」という会議を行っているとしましょう。自分が考える方向性と上司が考える構想に大きなズレがあるために議論が平行線で結論にいきつく目途がつかないことにいら立ちを覚えている状況を想定します。この状況を別の自分から「モニタリング」すると、「現在時刻20時43分。21時までに上司とこの論点は合意したい。けれども自分と上司で大きな方向性のズレがある。それは前提の理解が異なっているからだ。まずは置くべき前提をすり合わせる必要がある。でも残り17分で前提を説明して結論まで持っていくのは無理だ。であればまず今日は前提の説明だけで終えて、明日改めて前提を可視化したうえで方向性を議論しよう」ということになります。ただただ理解し合えないイライラを澱ませるよりも、**置かれている物理的状況そのものを俯瞰して「モニタリング」することで、その場で何が起きているのか、何がすり合わされていないのかといったことを冷静に理解・判断できるようになります。**

これを俯瞰的な目線を持たずに、ただ「現在時刻20時43分」というパソコン上の時計表示を見てしまうと、「もうこんな時間か、早く終わりたいのに、もう」という感情に流されがちということです。また「モニタリング」の意識を持つことで、自分が上司やチームメンバーからどう映っているかということに気づいて、自分の姿勢や態度を改めることができます。

感情に左右されずに今やるべきことをしっかり自分の中に腹落ちさせて物事を進めていくためのこれらの意識は、日々の仕事に「安定感」と「再現性」をもたらします。正解のない仕事に立ち向かっていく中で、どのような環境変化や状況変化があっても「安定感」と「再現性」をもって仕事ができることは、そのまま上司やチームメンバーからの信頼につながります。ぜひここで説明した意識・姿勢をもって日々の仕事に向き合ってみてください。

やりきるための「自責思考」

正解のない仕事に立ち向かっていると、何か理由を付けて逃げ出したくなったり、上司やチームの期待値からだいぶ手前のところで諦めてしまったりすることはないでしょうか。もちろん人間ですからつらい仕事や壁に当たった時は誰しも逃げ出したくなることはあると思います。

筆者自身もクライアントや上司から何度も仮説の考え直しを求められたり、最後の最後でちゃぶ台返しのようなことが起きたりすると、逃げたくなるような思いに苛まれることはこれまでに何度も経験しています。その中で、**仕事をやりきる力がある人とそうでない人の違いはひとえに「自責思考」があるか、あるいは望ましくない状況に陥った時に「他責」に逃げない姿勢を持っているかどうかが大きく影響していると**考えています。特に途中で諦めて「まあこれでいいか」という風に考えてしまうのは、「どうせプロジェクトの責任はマネージャーや上司にあるんだ」「自分が担当している仕事の責任範囲はここまでだからこれくらいでいいよね」という自己納得的な発想にあります。よく言われる「当事者意識やオーナーシップを持つ」という話と同じようなものに聞こえるかもしれませんが、**「当事者意識を持つ」とはつまり「自責思**

考」を発揮することだと筆者は考えています。

それでは「自責思考」を発揮するとはどのようなことを指すのか見てみたいと思います。まずは「自責思考」を発揮できない「傍観者効果」を生んでしまう2つのポイントとその発言例から考えてみましょう。

①どうせ誰かがやってくれるだろう（**責任の分散**）

「今回の新規事業が失敗したのは事前の調査不足が原因だ。自分は上司に言われた通りに調べてみただけだから、それをうまく戦略や計画に取り入れられなかった上司の責任だな」

②みんながやらないなら自分もやらなくていい（**多元的無知**）

「このままプロジェクトを進めていくと遅延リスクがあるな。だけど自分はプロジェクト管理者ではないし、誰も何も言わないし、どちらにしろプロジェクト管理者の責任だから誰かが気付くまでは自分のことをやっておこう。……結局遅延が起きたか。対応作業に追われて元々の自分の仕事もままならないなあ、まったく」

それでは次にこれらの意見をどのようにすれば「自責思考」に変えられるのかを見てみたいと思います。前述の意見に対する自分自身の心の声で問いかけてみます。

①どうせ誰かがやってくれるだろう（責任の分散）

「確かにプロジェクトの全体責任は上司にあるけど、調査タスクを任されていたのは自分だよな。ただ調査して表面上はファクトやポイントを伝えてはいたけど、もっと踏み込んで今回の新規事業に影響のありそうな示唆や発見を伝えられれば、この新規事業の成功率はもっと高まったんじゃないかな。なぜ失敗したかを振り返りながら自分の調査の仕方や見るべき情報の深さを見直した方がいいな」

②みんながやらないなら自分もやらなくてよい（多元的無知）

「チームメンバーが気付かないことにこそ価値があるのだとすると、気付いた時点でチームに発信すべきだった。仮に自分が言ったせいでチームの仕事が増えてしまったとしても後から追加作業が発生するよりも正しい姿だと思うな。プロジェクトが遅延してプロジェクト全体の評価が下がるのは避けるべきことだし、皆が気付かないことを自分がいち早く気付けたことは自分の自信にもなるな」

これらの具体例から分かることは、チームや上司の期待を正しく理解して与えられたタスクを確実に遂行することは仕事をするうえで最低限のことであり、**「言われたこと〝だけ〟をやる」という姿勢では本当の意味で自身の成長やより良い正解に近づくケースは少ないということです。**「あとはマネージャーの言うことをそのまま取り入れるようにしよう」「前回もこれくらいの出来で大丈夫だったから今回も同じような感じでいいか」という意識では、いつまで経っても視座が上がらない「作業者」状態ということになります。

「自責思考」に基づくこうした自分自身への問いかけを行うことで、「自分ならどう考えるか」「自分ならどう行動するか」という主体的な問題に置き換わり、自ら考える機会を与え、上司から言われたことに留まらない思考の幅や視座を高めることにつながります。それがチームや会社としてのより良い仮説の創出につながり、組織・仕組みに対してただの愚痴や諦めていたことも解決できるきっかけになるのです。

こうした「自責思考」を繰り返すことで、自分がチームを推進するドライバーにな

図表1-4 「自責思考」と「ラストマン」

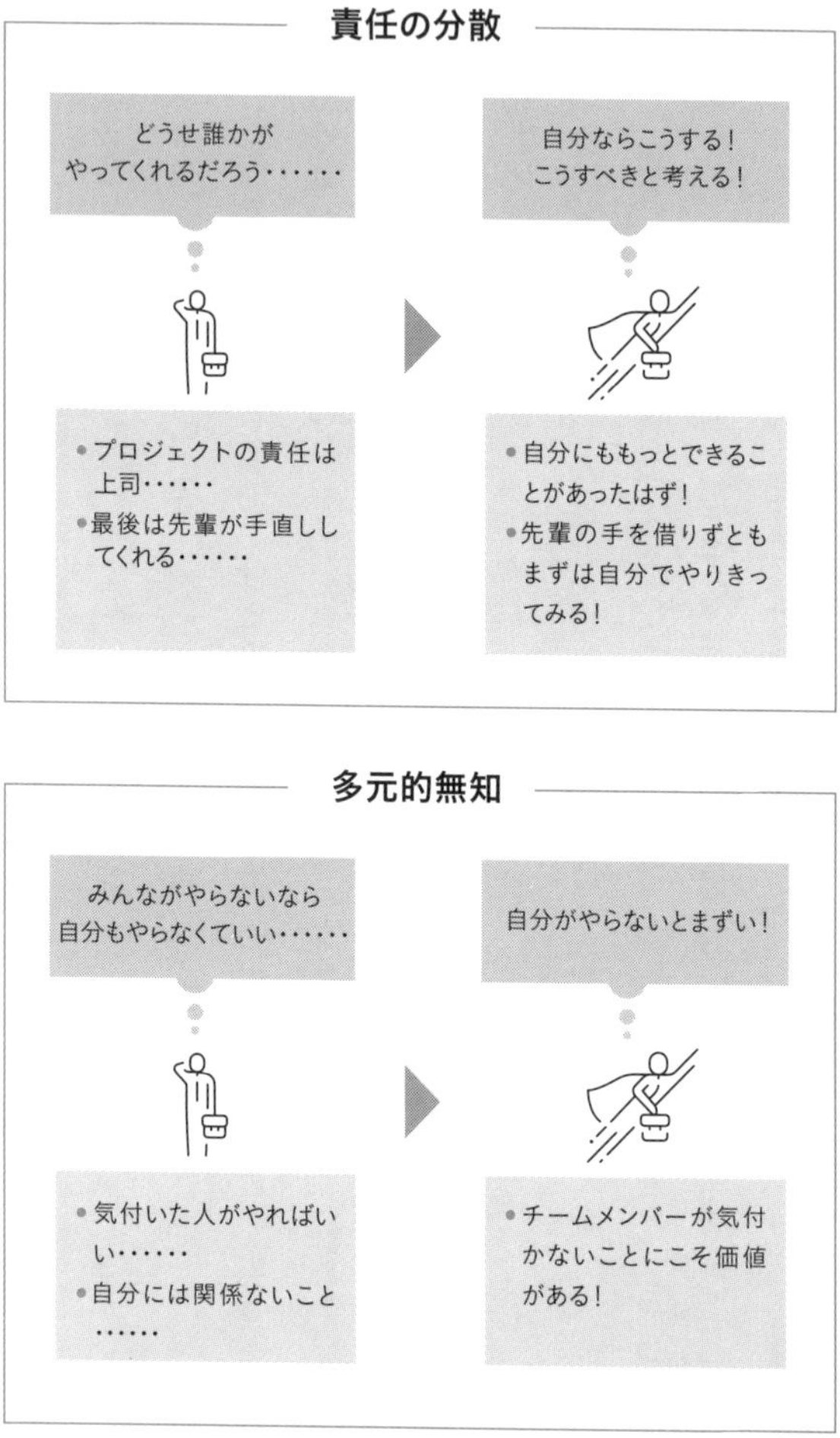

ることができますし、自分がチームを率いることになった際に持つべき責任感や姿勢において大きなギャップを感じることなくスムーズに移行することができます。

これらの考え方は日立製作所元代表執行役会長であった川村隆氏の著書『ザ・ラストマン 日立グループのV字回復を導いた「やり抜く力」』（KADOKAWA、2015年）において語られている「ラストマン」という言葉にも通ずるもので、作中では「自分がこの仕事のラストマン、つまり自分がこの仕事の責任を取るのだと思って仕事に臨む」という姿勢・意識を持つことの重要性を説いています。

自分がこの仕事の責任者だと思い込んでみると、前述のような人任せの態度や自分の周りで起きた出来事を放っておいてしまうということをせず、何か自分に起こせるアクションはないかと自分で考えて行動ができるようになるということです。

一方で「自責思考」には注意も必要で、「自責」にとらわれすぎてしまい、自分を追い込んでしまうというケースも存在します。これは責任感や周囲からの期待に応えようとする気持ちが強いあまり、「自分がやらねば」という強迫観念からくることが多いと思います。「自責思考」を正しく発揮するためには、「最初から最後まで自分一人だけでやり抜く」ということではなく、「ゴールに向けて自分は今何をすべきか」「言われていること以外にも自分に何か考えられることや起こせるアクションはないか」という問いかけを習慣化することが重要です。

そのアクションの中には、当然周りの人を頼るというオプションもあって然るべきです。また「できない自分を責め立てる」のではなく、「どうすればより良い方向に転ばせることができるか」という改善・改良の方向に思考を向けることも重要です。少しずつでも目の前の仕事をこなせるようになってきたら、今の自分のレベルに安住せず、仕事の視野を広げたり、視座を高めたりするための「自責思考」を取り入れながら、仕事に臨む姿勢をアップデートしていけると良いと思います。

第1章では、正解のない仕事に対してどのような意識・姿勢で臨むべきかを見てきました。ここで挙げたすべての内容をいきなり自分の中に落とし込んで実務に活かしていくことはなかなか難しいと思います。まずは自分の今までの仕事に対する意識・姿勢の中で特に見直した方が良さそうだと思うものにフォーカスを当てて、少しずつ取り入れていくことが重要です。

これらの基本的なマインドセットは、皆さんのこれからの仕事人生において仕事の仕方や臨み方の基盤となるものですし、序章でも述べた通り、マインドセットが不安定な状態では、いかに技術や知識があってもそれらをうまく活用することはできないと考えています。

これから皆さんには様々な難しい仕事が目の前に立ちはだかる中で、上司や周囲からの信頼を得続けるためにも、仕事の内容や環境に左右されないブレないマインドセットを身につけられるようにしていきましょう。

第1のスキル　まとめ

- 組織や個人の経験や考えによって異なるアウトプットがもたらされる「正解のない仕事」には、「自分ならどうするかという意識」を持つこと、「振り返り&改善の姿勢」を持つことが求められる。
- すべての仕事には上司やクライアントといった「相手」が存在する。仕事相手に対して、Input では作業に不安がない状態になるまで相手から情報を収集し、Output では相手との議論を通じて仮説を磨く意識を持つことが望ましい。
- ストレスの高い困難な仕事において感情に左右されないよう、①事象を「可視化」し、②議論を「すり合わせ」、③目の前にある状況を「俯瞰してモニタリング」することが重要である。

● 正解のない仕事に立ち向かうには、「どうせ誰かがやってくれるだろう」「みんながやらないなら自分もやらなくていい」といった考えではなく、自責思考を持って臨むべきである。

第
2
のスキル

思考力

「論理」「共感」「意思」で
複雑な問題に挑む

第2章では、あらゆる仕事を行ううえでの基盤であり、仕事の質・スピードを最も左右する「思考力（考える力）」について見ていきたいと思います。

本書では「思考力」を2つの側面から捉え、既に目の前に存在する問題を解決するための思考法である「ロジカルシンキング」と、何もないところから新たに問題を発掘し新たな価値を創出するための思考法である「イノベーションシンキング」の2つの思考法について説明していきます。

特に新時代のビジネスプロフェッショナルを目指す皆さんにとっては、「論理」によって問題解決を成し遂げるロジカルシンキングを思考力の基盤として身につけたうえで、**「共感」や「意思」を持って市場・社会に新しい問題を立てて新しい価値を生み出すためのイノベーションシンキングを実践していくことが重要です。**出された問題を解くのはもちろんのこと、より良い社会・より良い生活を実現するためにはどのような思考法を身につけると良いのか、そのヒントを探っていきたいと思います。

第1節

問題解決編（ロジカルシンキング）

問題解決とは何か？

問題解決の第1歩として、まずは「問題」と「解決」について考えてみましょう。「問題」とは、特定の物事に対して理想的な姿と現状の姿の差のことを指します。例えば、「8月は1000万円の売上を達成する」という理想の姿に対して「8月の売上着地見込みが850万円しかない」という状況であれば、「8月の売上目標の達成に向けて150万円足りない」という「問題」となります。

またもう少し定性的なケースとしては「自社を自由闊達な組織文化にする」という理想の姿に対して、「組織の上下間や部署間の軋轢があって風通しが悪い」という状況も、「組織の風通しが悪いために自由闊達な組織文化を達成できていない」という「問題」となります。

一方で、「解決」とは理想的な姿を実現・達成できるようにすること、すなわち理

図表2-1　問題解決とは何か？

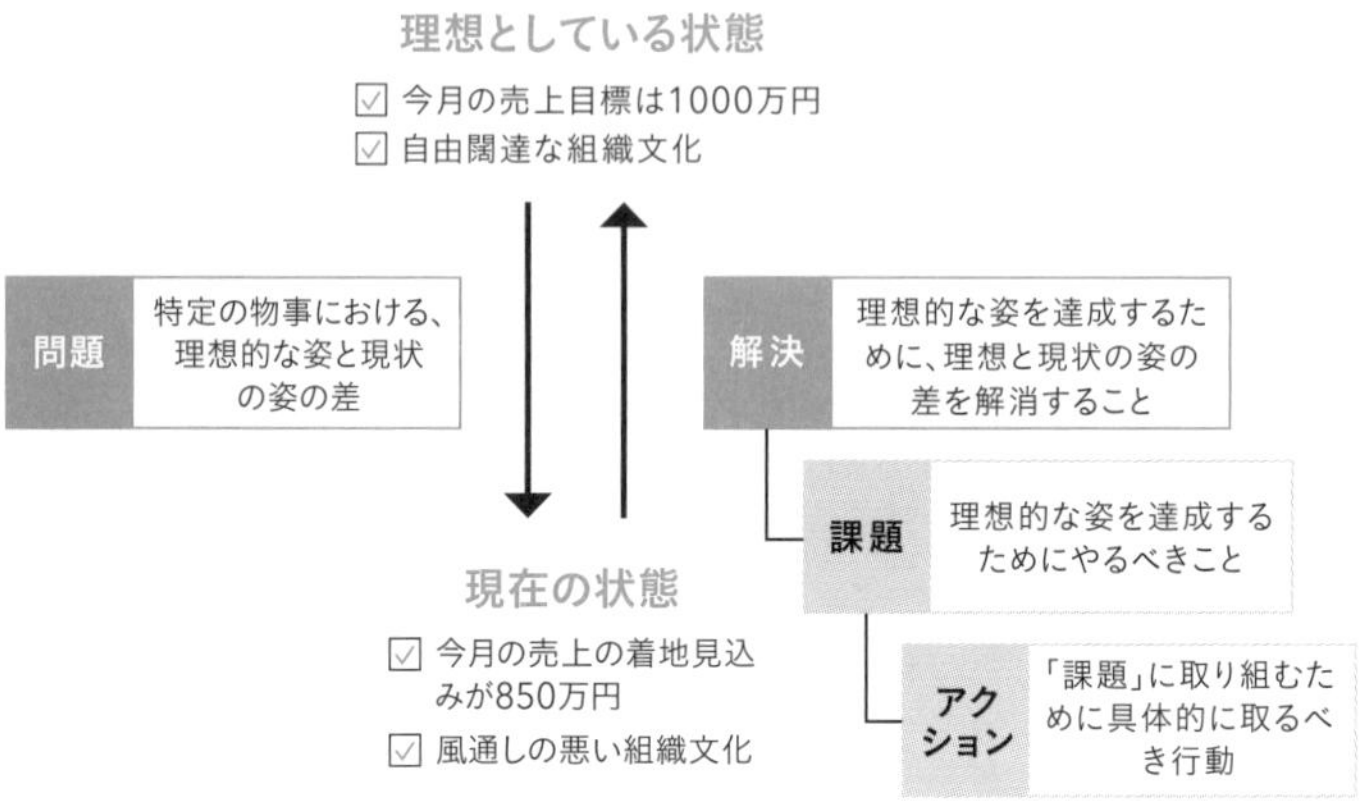
理想としている状態
☑ 今月の売上目標は1000万円
☑ 自由闊達な組織文化
問題
特定の物事における、理想的な姿と現状の姿の差
解決
理想的な姿を達成するために、理想と現状の姿の差を解消すること
課題
理想的な姿を達成するためにやるべきこと
現在の状態
☑ 今月の売上の着地見込みが850万円
☑ 風通しの悪い組織文化
アクション
「課題」に取り組むために具体的に取るべき行動

想の姿と現状の姿の差を解消することを指します。先の例では「何かしらのアクションをもって150万円の売上差を埋めること」や「何かしらの施策を持って自社を自由闊達な組織風土にすること」が「解決」になります。

またよく問題と混同されがちな「課題」や「アクション」についても説明をしておきます。「課題」とは理想と現状の差を埋めるためにやるべきお題、「アクション」とは「課題」に取り組むために具体的に取るべき行動を指します。つまり**「問題」をもとに、「課題」を設定して、具体的な「アクション」に落とし込み、それを実行に移すことで「解決」**につながる、という関係性になります。

図表2-2 **問題解決のエッセンス「空・雨・傘」**

「空」・「雨」だけ …何をしたらいいのか分からない（評論家状態）

「空」・「傘」だけ …思いつきの解決策（夢想家状態）

「雨」・「傘」だけ …正しそうだけど、ビジネスとして納得できる裏付けがない（宗教家状態）

前述の例に当てはめると、「8月の売上目標の達成に向けて150万円足りない」という問題に対して、「新規顧客の売上を増やす」という課題が設定され、「新規顧客への対面訪問件数を1日1件から3件に増やす」というアクションに落とし込まれるということになります。**問題解決の基本形は「空・雨・傘」**です。「空」とは目の前の状況、「雨」とは目の前の状況に対する解釈、「傘」とは目の前の状況に対する解釈に基づく解決策を指します。これら3つの要素が揃って初めて適切な問題解決ができると考えてください。

例えば、「空」を見て「雨」が降りそう、というところで止まっていては具体

図表2-3 問題解決のプロセス

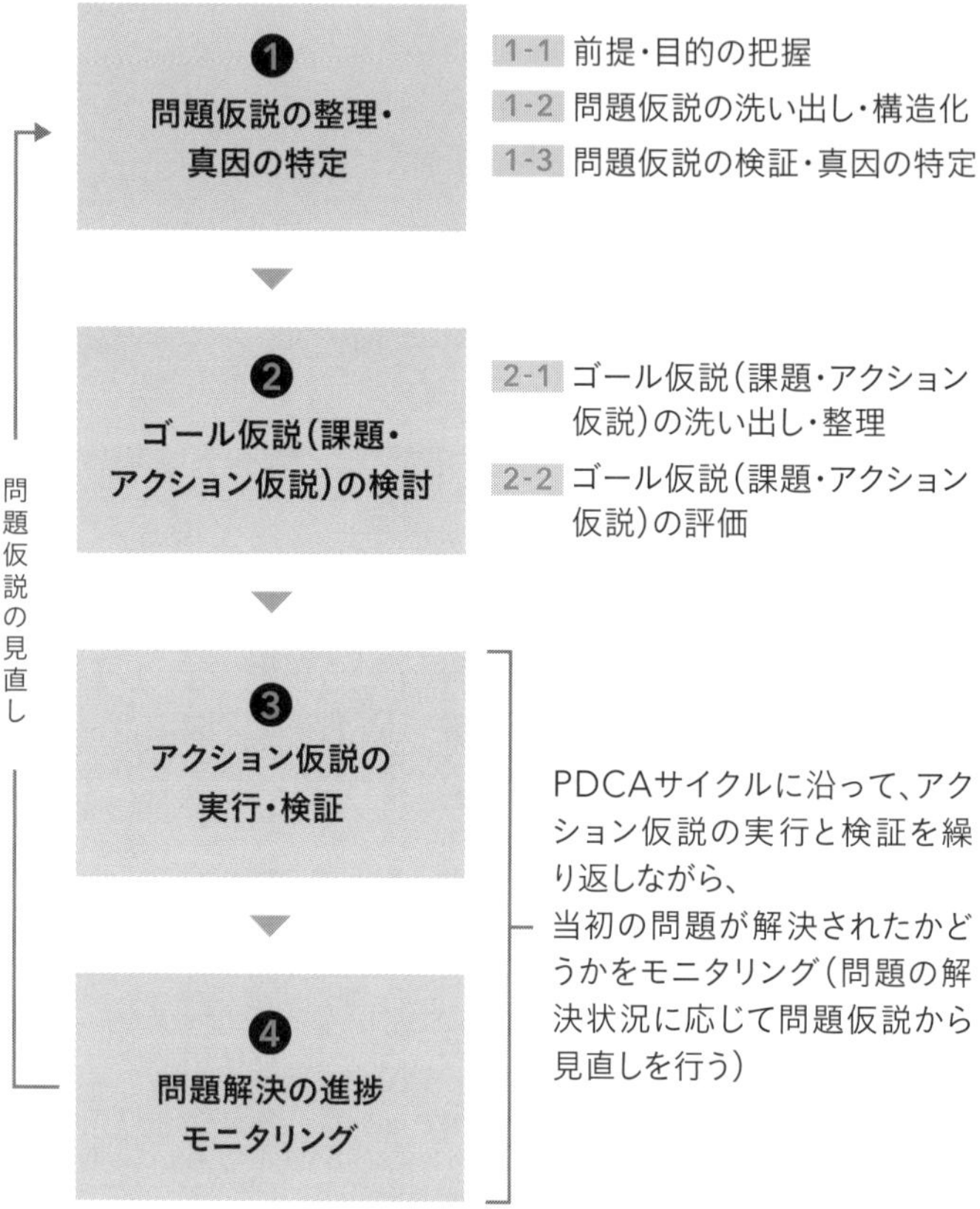
❶
問題仮説の整理・
真因の特定
1-1 前提・目的の把握
1-2 問題仮説の洗い出し・構造化
1-3 問題仮説の検証・真因の特定
❷
ゴール仮説（課題・
アクション仮説）の検討
2-1 ゴール仮説（課題・アクション仮説）の洗い出し・整理
2-2 ゴール仮説（課題・アクション仮説）の評価
❸
アクション仮説の
実行・検証
❹
問題解決の進捗
モニタリング
問題仮説の見直し
PDCAサイクルに沿って、アクション仮説の実行と検証を繰り返しながら、
当初の問題が解決されたかどうかをモニタリング（問題の解決状況に応じて問題仮説から見直しを行う）

的な解決策が出てきていないので問題解決にはなりません（評論家状態）。また「空」を見て「傘」を持とうとするのでは、解決策は出ていますがただの思いつきであって正しい問題解決とは言えません（夢想家状態）。このように、仕事において適切に問題解決を行おうとすると「空・雨・傘」を区別しながら情報収集や示唆を出すことが求められます。

一方で、実際の仕事においてはここまでシンプルな構造で問題解決がなされることはほとんどありません。エッセンスとしての「空・雨・傘」は意識・理解して頂きつつ、さらに複雑な問題解決を行うためのプロセスや考え方を見てみましょう。

問題解決は、「1．問題仮説の整理・真因の特定→2．ゴール仮説（課題・アクション仮説）の検討→3．アクション仮説の実行・検証→4．問題解決の進捗モニタリング」の4つのステップから成ります。問題解決のプロセスの中に仮説という言葉がたくさん出てきましたが、ここで一度「仮説思考」というものについても説明しておきましょう。

問題解決を支える「仮説思考」

問題解決は「問題仮説」「ゴール仮説（課題・アクション仮説）」のように様々な

「仮説」を立てながら進めていきます。「仮説思考」という言葉に聞き馴染みのある方は多いと思いますが、やわらかく言うと「いまこの時点での良さそうな答えを考え出すこと」を指します。

問題設定をするにせよ解決策を検討するにせよ**「知識がないから分からない」「やったことがないから分からない」では仕事は前に進みませんから、分からないなりにも「一旦こう考えてこう結論付けてみる」という思考法です。**仮説思考とは何か特別なモノの考え方ではなく、仕事をするうえで自分が起こす一つ一つの行動の背景には仮説があって、やってみた結果合っていればその仮説が立証されたということになり、外していたということであればその仮説は修正するというだけのものです。

極端な例で言えば、「今日の夕食は何を食べるべきか？」という問いに対して「今日のお昼はラーメンだったから夕食は野菜を多く取れるものにすべきだ」という仮説をもとに夕食の買い出しやお店探しをするのも立派な仮説思考です。さらにそのあと「野菜たっぷりちゃんぽんにしたけど炭水化物とり過ぎだよな……」ということに気付けば、「ラーメン＝栄養が偏る＝野菜をとるべき」という単線的な仮説思考から、「ラーメン＝栄養が偏る＆炭水化物過多になる＝麺や丼以外の野菜の食事をとるべき」というように仮説思考がアップデートされていきます。

「仮説思考って難しそう」「いきなり仮説なんて出せないよ」と思う人がいれば、まずは日々の自分の行動を振り返ってみると、意外と仮説思考を発揮して日々過ごしていることに気付くのではないかと思います。

それでは仮説思考をすると何がいいのかということについて考えてみます。仕事において仮説思考を発揮することのメリットは大きく2つあります。

①仮説があると、物事を効率的に考えることができる
②仮説があると、叩いて磨くことができる

①仮説があると、物事を効率的に考えることができる

例えば何も仮説を持たないで物事を考えるとどうなるか見てみましょう。「とある外食チェーンの既存店の客数が5年前から減少傾向にある」という問題に対して仮説を持たないで解決策を考えようとすると、「メニューが変わったからかな。いや価格を上げたからか。実は立地が悪いとか。はたまた接客も問題か。とりあえず片っ端からしらみつぶしに調べてみよう！」ということになります。

もちろん人・時間・予算のリソースが無制限にあればこうしたアプローチも可能かもしれませんが、実際のビジネスの現場では限られた人・時間・予算の中で改善点を見出してアクションに移していく必要がありますし、網羅的にやってみると多くの無駄が発生することになります。またこういった進め方をすると、調べ尽くしてからじゃないと具体的なアクションを打てないことになり、目の前の問題に対してスピード感を持って解決することが難しくなると考えるべきでしょう。

逆に前述の例で仮説思考を行うと、「そういえば5年前から自分たちが商圏としているエリアに競合のB社の店舗を見かけるようになったな。そこにお客さんが奪われている可能性が高い。とすればまずはB社との品揃えや価格を比較してみて負けていないか見てみよう」ということになります。仮説を持たないで考えているケースと比べて具体的にやるべきことや見るべきポイントがぐっと明らかになったと思います。これが仮説の大きな力の一つで、**仮説という拠り所があると調べるべきこと・考えるべきことが明確になり、効率的に物事を考えることができるようになります。**

ただし、仮説思考における注意点として「初めに立てる仮説の筋がどれくらい良いか」によって、後続の作業効率に大きく影響します。より良い仮説を立てるための考え方・プロセスについては次項の問題仮説で詳しく説明したいと思います。

②仮説があると、叩いて磨くことができる

仮説とは「いまこの時点での良さそうな答え」であることから、仮説は叩くこと・磨くことを前提に立てられるものと考えることができます。①の例でみると、「調べてみた結果、B社とは品揃え・価格でも大きな差はなかった」と検証されたら「では接客面や会員制度面ではどうだろうか」とさらなる検証ポイントを掲げて当初の仮説をさらに叩いていくことになります。

その結果、「接客面では差はないが会員制度面ではB社はポイントや限定値引きのような金銭的なインセンティブだけでなく、来店回数に応じた会員ランク化による来店動機の促進、会員ランク別のクローズドなキャンペーンやコア会員を巻き込んだ共同商品開発といった特別感を訴求する取り組みを行っている」といったことが分かれば、「客数減少の原因の一つは、競合のB社と比べて食事以外の来店の動機付け施策が劣後しているためである」という仮説に磨き上げることができます。

さらに「ではB社にはできない来店動機付け施策は何か?」という問いが生まれ、「B社は自社流通を持っていないから、自社農園を活用した来店動機付け施策はどうか」といった新たな仮説が生まれていきます。この一連の流れにおいて、そもそもの

仮説がない状態で検討を進めたとしたら、ここまで実際のアクションにつながるような〝使える〟仮説にまでは落とし込むことは難しいと思います。叩く・磨く対象となる仮説があって初めて意味のある仮説を出すことができるのです。

このように**仮説思考を活用することで、ただでさえ限られた短い時間の中でより良い正解を導き出して実行に移していくことが求められている状況で、より効率的に・質の高いアウトプットを出すことが可能になります。**

解くべき問い＝「問題仮説」を磨く

「仮説思考」について理解を深めたところで、改めて問題解決のプロセスに話を戻したいと思います。問題解決は「1．問題仮説の整理・真因の特定→2．ゴール仮説（課題・アクション仮説）の検討→3．アクション仮説の実行・検証→4．問題解決の進捗モニタリング」の4つのステップから成ります。まずは問題解決の起点となる「1．問題仮説の整理・真因の特定」について見ていきます。

「1．問題仮説の整理・真因の特定」をさらに細分化すると、「1－1．前提・目的の把握」「1－2．問題仮説の洗い出し・構造化」「1－3．問題仮説の検証・真因の特定」に分けることができます。それぞれどのようなことを考えるのか見てみます。

「1－1．前提・目的の把握」

まずは議論の対象になっている事柄について理想の姿と現状の姿を正しく理解して、問題解決の前提と目的を把握することから始めます。つまり**目の前にある与えられた問題にすぐにとりかかろうとするのではなく、目の前の問題を取り扱う目的・ゴール等の前提を確認します。**

例えば、あるメーカーで「営業部の業務に無駄が多い」という問題に直面しているとします。ここでいきなり業務の無駄を手あたり次第に探しにいくのではなく、まずは「営業部の業務に無駄が多い」といった問題提起がなされた背景・経緯を把握して、「業務の無駄が多いことの何が問題なのか」「業務の無駄を省いた先に何があるのか」という、「営業部の業務に無駄が多い」ことを問題として取り扱う目的とゴールを明らかにします。この目的把握は後の問題の特定や解決策仮説の設定において拠り所となるものですので、問題解決の最初に確認するようにしましょう。

「1－2．問題仮説の洗い出し・構造化」

問題解決の前提・目的が理解できたら、問題仮説の洗い出しと整理・構造化を行い

図表2-4 問題仮説の構造化に効く4つの考え方

		<例>
Ⓐ 構成要素	対象としている問題を「全体」と「部分」で分解して構造化する考え方	☑ 売上という「全体」に対して、女性売上&男性売上、既存客売上&新規客売上、A事業部売上&B事業部売上という「部分」に分解 ☑ 営業業務という「全体」に対して、問合せ→提案作成→初回面談→見積→契約という「部分」に分解
Ⓑ フレームワーク	ビジネスフレームワークを活用して問題を分解して構造化する考え方	☑「Z製品の市場シェアが下がっている」という問題に対して、「4P」のフレームワークで原因を深掘る ☑ オペレーション改善という課題に対して、「PDCA」のフレームワークで業務上の問題を明らかにする
Ⓒ 計算式	（数値化できる問題の場合）その数値を算出するための計算式で分解して構造化する考え方	☑「既存店売上が下がっている」という問題に対して「既存店舗数」×「1店舗あたりの来店客数」×「1人当たり単価」と分解
Ⓓ 因果関係	対象としている問題を「原因」と「結果」で分解して構造化する考え方	☑「新規顧客を獲得できていない」という問題に対して「なぜ新規顧客を獲得できないのか？」→「顧客が何を求めているか理解できているのか？」→「なぜ顧客が何を求めているか理解できていないのか？」→「なぜ新規顧客を理解するための仕組みを活用できないのか」…のように、「なぜ？」を繰り返して問題に対する原因を分解

ます。目の前の問題をそのまま問題として取り扱わず、まずはその問題からブレークダウンした問題の全体像を明らかにします。問題の洗い出しと構造化は「ロジックツリー」や「コーザリティマップ」が強力なツールになります。「ロジックツリー」は一つの問題からツリー状に問題の分解と整理を行っていきます。「ロジックツリー」のように単線的に関係性が整理できない場合は、要素間を2次元平面上で自由に結び付けていく「コーザリティマップ」で整理を行います。

ここでは「ロジックツリー」を使って構造化を行う際の4つの考え方を説明したいと思います。

A. 構成要素

対象としている問題を「全体」で捉えた場合に「部分」に分解していく構造化の考え方です。例えば「営業業務に無駄が多い」という問題があった時に、営業業務という「全体」に対して、問い合わせ↓提案作成↓初回面談↓見積↓契約という「部分」に分解するといった考え方です。また「売上が下がっている」という問題があった時に、売上という「全体」に対して、女性売上&男性売上、既存客売上&新規客売上、A事業部売上&B事業部売上&C事業部売上という「部分」に分解するというのも、構成要素による分解の考え方です。

この考え方で良く用いられるのが、前述のような「プロセス」や「属性（性年代・職種、事業部・エリア等）」といった分解方法です。

B．フレームワーク

既に世の中にあるビジネスフレームワークを活用して問題を分解していく構造化の考え方です。よく使われるものとしては「3C」「4P」「5F」「PDCA」「QCD」といったものがあります。

例えば「Z製品の市場シェアが下がっている」という問題があった時に、「4P」のフレームワークを用いて「Z製品の製品スペックに問題がある（Product）」「Z製品の製品価格に問題がある（Price）」「Z製品の販売チャネルに問題がある（Place）」「Z製品の広告宣伝に問題がある（Promotion）」といったように問題を分解します。

またオペレーション改善・組織改善といったテーマでは「PDCA」「QCD」といったフレームワークも活用できます。「販促活動の成果が出ない」という問題に対して「PDCA」を当てはめると「販促企画自体に問題がある（Plan）」「販促企画を宣伝するところに問題がある（Do）」「販促成果を検証するところに問題がある

（Check）」「販促の改善を検討するところに問題がある（Action）」といった活用ができます。**既にあるフレームワークは網羅的かつスピーディーに構造化を進めることができる強力なツールです。**

C．計算式

数値化できる問題の場合は、その数値を算出するための計算式で分解することができます。例えば外食チェーンの「既存店売上が下がっている」という問題に対して「既存店舗数」×「1店舗あたりの来店客数」×「1人当たり単価」と分解して、「既存店売上」が下がっている要因を探っていくことになります。

さらに分解していく場合には、「A．構成要素」や「B．フレームワーク」と組み合わせることも有用です。

D．因果関係

Xという問題が発生するのはYという問題が発生するからである、というように、問題仮説を原因と結果で分解していく方法です。**ここでは「なぜ？」をひたすら繰り返すことが重要です。**

「新規顧客を獲得できていない」という問題に対して「なぜ新規顧客を獲得できないのか？」→「新規顧客が何を求めているか理解できているのか？」→「なぜ新規顧客が何を求めているか理解できていないのか？」→「新規顧客を理解するための仕組みはあるか？」→「なぜ新規顧客を理解するための仕組みを活用できないのか」…といったように、**問題に対して思いつく「なぜ？」を徹底的に投げかけて掘り下げていきます。**この時、上から下に思考を巡らせていく「So What?」（この問題があるとさらにどんな問題があるか？）や「Why So?」（この問題が発生するのはなぜか？）を意識すると因果関係を適切に洗い出して整理することができます。

因果関係で問題を洗い出していく場合、「こうなるということはここが原因では」という経験則や勘どころをもとに洗い出しが行われることがありますが、**自身の経験だけでなくゼロベースかつ客観的な目線を持ちながら、問題に対して「なぜ？」を投げかけ続ける〝自問自答〟が重要です。**

問題の構造化の中で最も重要なのは「D．因果関係」です。「D．因果関係」以外の構造化は、ある程度決まった枠組みに当てはめていくだけですので、構造化の整理の最初の切り口としては漏れなく要素を考慮していくうえで強力なツールになりますが、本当に解くべき問題＝真因を明らかにするためには因果関係で問題仮説を掘り下げていくことが重要です。

これらの構造化の考え方はどれか一つのやり方を当てはめて満足するのではなく、複数の構造化手法を組み合わせながら、問題仮説を網羅的に、かつ深いところまで掘り下げていくことを意識すると良いでしょう。

「1-3. 問題仮説の検証・真因の特定」

問題仮説の整理・構造化ができたら、問題仮説の検証を行い、解くべき問題＝真因の特定を行います。ここでようやく本格的な情報収集を行います。まずは整理した問題仮説の構造をもとに必要な市場調査やヒアリング等の情報収集を行い、対象外とする問題仮説を明らかにします。例えば、「販促活動の成果が出ない」というケースで競合調査、生活者調査、社内調査を行った結果、「施策の質は競合と比べて差はない（Plan）」「施策自体の宣伝も問題なく生活者の認知度も高い（Do）」「施策結果の検証も担当者がレポートにまとめて報告している（Check）」という情報が得られたとしましょう。

そうすると今解くべき問題としては「販促活動の改善プロセスをどのように見直すか（Action）」ということに絞ることができます。またここで思考の手を緩めずに、

「施策の改善プロセス」のどこに問題があるのかを、さらに〝改善プロセス〟の構成要素やできていないことの因果関係を深掘っていくことで、問題の真因にたどりつくことができます。

問題仮説の検証の際に行う情報収集についても触れておきましょう。**検証のために集めた情報はそのまま受け取るのではなく、情報を仕分ける・吟味することも重要です。**特に収集した情報の中で「ファクト」と「意見」を区別することが、問題仮説を正しく評価するために不可欠です。

「ファクト」とは自分以外の人がその情報を受け取っても解釈が変わらないものを指します。例えば「今月の売上は先月と比べて200万円少ない1000万円だった」は社長が見ても部長が見ても読者の皆さんが見ても同じ情報として受け取ることができます。

一方で「意見」とは自分の思考のフィルタを通した情報であって、受け取る人によって解釈が変わります。例えば社長が「今月の売上は先月と比べて200万円少なく、危機的状況である」と言った時に、部長から見たら「今月は売上が減っているかもしれないが、来月は目標より300万円多い売上を受注する見込みになっているから危機的状況ではない」、経理担当から見たら「今月の売上が低いと、来月頭の買掛

図表2-5 **問題仮説の整理・真因の特定**

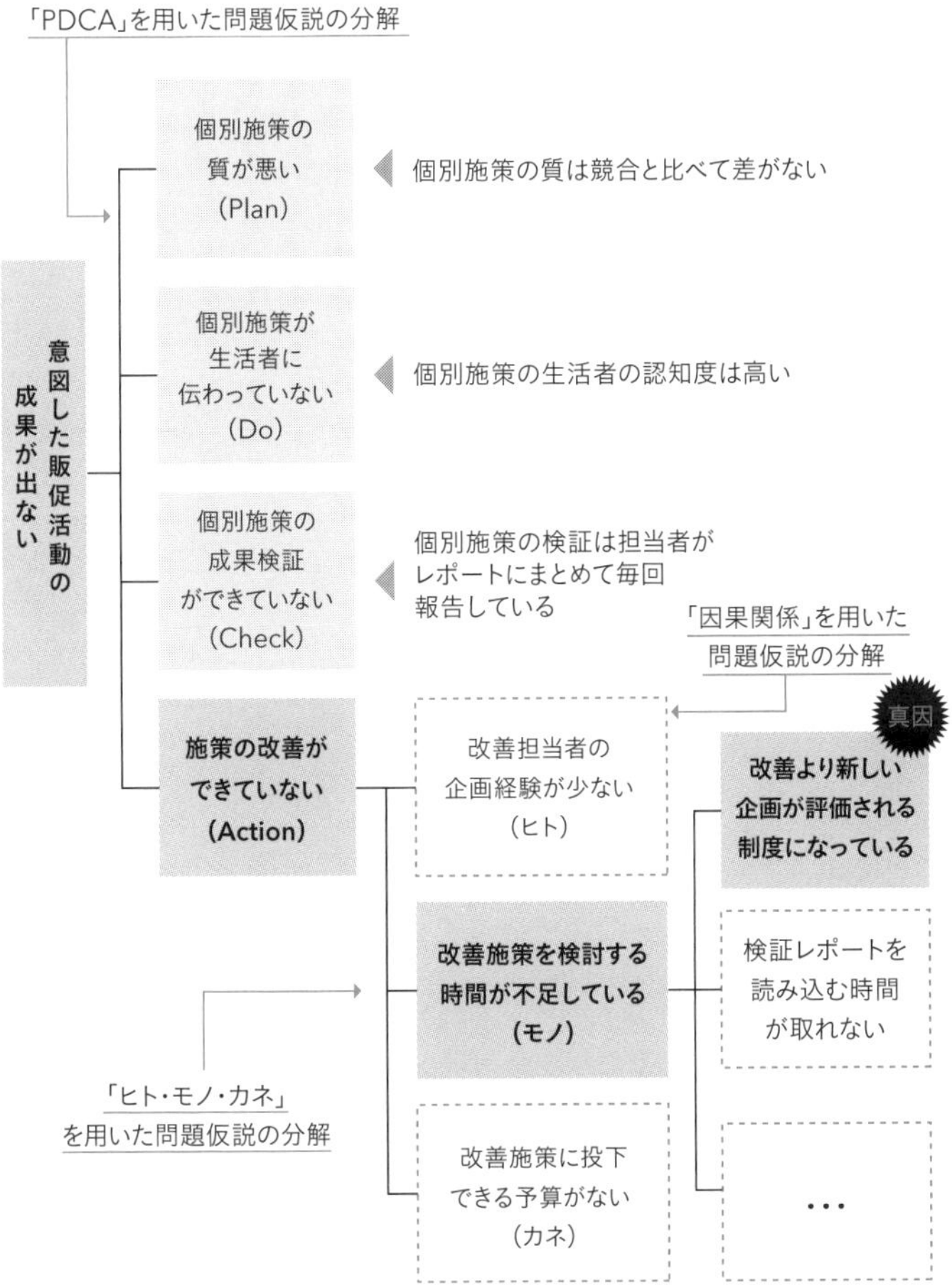

金の支払いが不足するから危機的状況だ」というように、人によって解釈が変わるものを「意見」と言います。**正しく問題仮説を評価するためには、集めた情報が「ファクト」なのか「意見」なのかという情報の仕分けを意識するようにしましょう。**

また情報収集による問題仮説の検証に加えて、①そもそも解決可能な問題か、②解決した際にインパクトがある問題か、という視点でも問題仮説の検証を行うことが重要です。特に②については1－1．で確認した問題解決の前提や目的・ゴールをもとに目的志向で判断をすることが求められます。いくら解決ができそうな問題であっても、目的・ゴールに合致したインパクトが出せない問題なのであれば、それは解くべき問題とは言えません。

このように「**1．問題の整理・真因の特定**」は、**洗い出した問題に手当たり次第に課題仮説・アクション仮説を出していくのを避け、当たるべき問題を見極めたうえで効率よくゴール仮説**（課題・アクション仮説）**の検討を行うための重要なプロセスです。**解くべき問題に思考を集中することが質の高い仕事をスピーディーに行うことにつながるため、どのような仕事であっても「いま解くべき問題は何か？」「何に答えを出そうとしているのか？」「この問題に答えを出すので良いのか？」を自問自答することが重要です。

ゴール仮説（課題・アクション仮説）を発想する

解くべき問題＝真因が明らかになったらいよいよその問題に対してどのような課題仮説・アクション仮説を構築するかを検討します。ここは問題解決プロセスの中の「2．ゴール仮説（課題・アクション仮説）の検討」に当たります。

「ゴール仮説（課題・アクション仮説）を立てる」と聞くと、「経験を積まないと難しい」「センスがないと打ち手なんてひらめかない」といった声が上がると思います。もちろん経験によってより良いゴール仮説（課題・アクション仮説）が出せるという側面もありますが、ゴール仮説（課題・アクション仮説）の導出にも技術的な側面はあるため、経験が浅くてもより良い仮説を導出することは可能と考えています。ここではどのようにゴール仮説（課題・アクション仮説）を導出するかについて説明したいと思います。

ゴール仮説（課題・アクション仮説）を検討する際には、さらに「2－1．ゴール仮説（課題・アクション仮説）の洗い出し・整理」「2－2．ゴール仮説（課題・アクション仮説）の評価」に細分化することができます。それぞれのプロセスについて見てみましょう。

「2－1．ゴール仮説（課題・アクション仮説）の洗い出し・整理」

問題が構造化されて解くべき問題＝真因が明らかになっていれば、対策を講じるべき真因に対してゴール仮説（課題・アクション仮説）を考えられる限り出し尽くすことが第一歩です。なお、一つの真因に対して一つのゴール仮説（課題・アクション仮説）になるとは限らず、**問題解決を確実に成し遂げるためには複数のゴール仮説（課題・アクション仮説）を導出・整理して実行計画を準備することが重要です。**

ゴール仮説を導出するためのポイントは次の3点です。

> ①日々の情報蓄積
> ②他社・自社事例から学ぶ
> ③フレームワークやアイデア発想法を活用する

①日々の情報蓄積

ゴール仮説（課題・アクション仮説）のアイデアは何もないところからは生まれま

せん。シュンペーターは『経済発展の理論』の中で「これまで組み合わせたことのない要素を組み合わせることによって新たな価値を創造すること」をイノベーションとして提唱し、ジェームス・W・ヤングは『アイデアのつくり方』で「アイデアとは、既存の要素の新しい組み合わせ以外の何ものでもない」と提言している通り、新しい仮説は既にある情報を組み合わせることによって創られるものです。

情報のないところからいきなり新しいアイデアを出すことはできませんから、**日頃から自分の仕事に関わる情報や知識を蓄積・吸収するように意識付けることが重要です**。情報や知識の収集については第6章で改めて触れたいと思います。

②他社・自社事例から学ぶ

同じような問題を抱えている企業や組織の取り組みからゴール仮説（課題・アクション仮説）の着想を得る方法です。他社の取り組み内容をそのまま活用できるケースは稀ですが、その内容を抽象化してエッセンスを抽出したり、ヒントになりそうなことを学んだりすることは有用です。

また**自社で過去に似たような問題で打ち手を検討・実践したケースがあればそこから学習することも重要です**。過去に打ち手を実践した際になぜ失敗したのかが事前に研究できれば、その要因を避ける形でゴール仮説（課題・アクション仮説）を検討することができるため、問題解決の成功率は上がります。

③フレームワークやアイデア発想法を活用する

フレームワークを活用してゴール仮説（課題・アクション仮説）のアイデアを発想する方法です。「5W1H」や「SCAMPER法」といったフレームワークで発想の切り口を与えてみたり、「KJ法」を使って出したアイデアをグルーピングして新たなアイデアを導出してみたりします。

「5W1H」であれば「人を変えるとどうか？（Who）」「場所を変えるとどうか？（Where）」「タイミングを変えるとどうか？（When）」、「SCAMPER法」であれば「別のものに置き換えてみるとどうか？（Substitute）」「他のものと組み合わせてみるとどうか？（Combine）」「一部を削ってみるとどうか？（Eliminate）」といった発想でゴール仮説（課題・アクション仮説）を考えます。

導出した複数のゴール仮説（課題・アクション仮説）についても問題仮説と同様に構造化・整理を行うことが重要です。あるゴール仮説が他のゴール仮説に影響を及ぼすこともあるため、その因果関係や階層構造を整理しておく必要があります。またゴ

図表2-6　ゴール仮説（課題・アクション仮説）の構造化

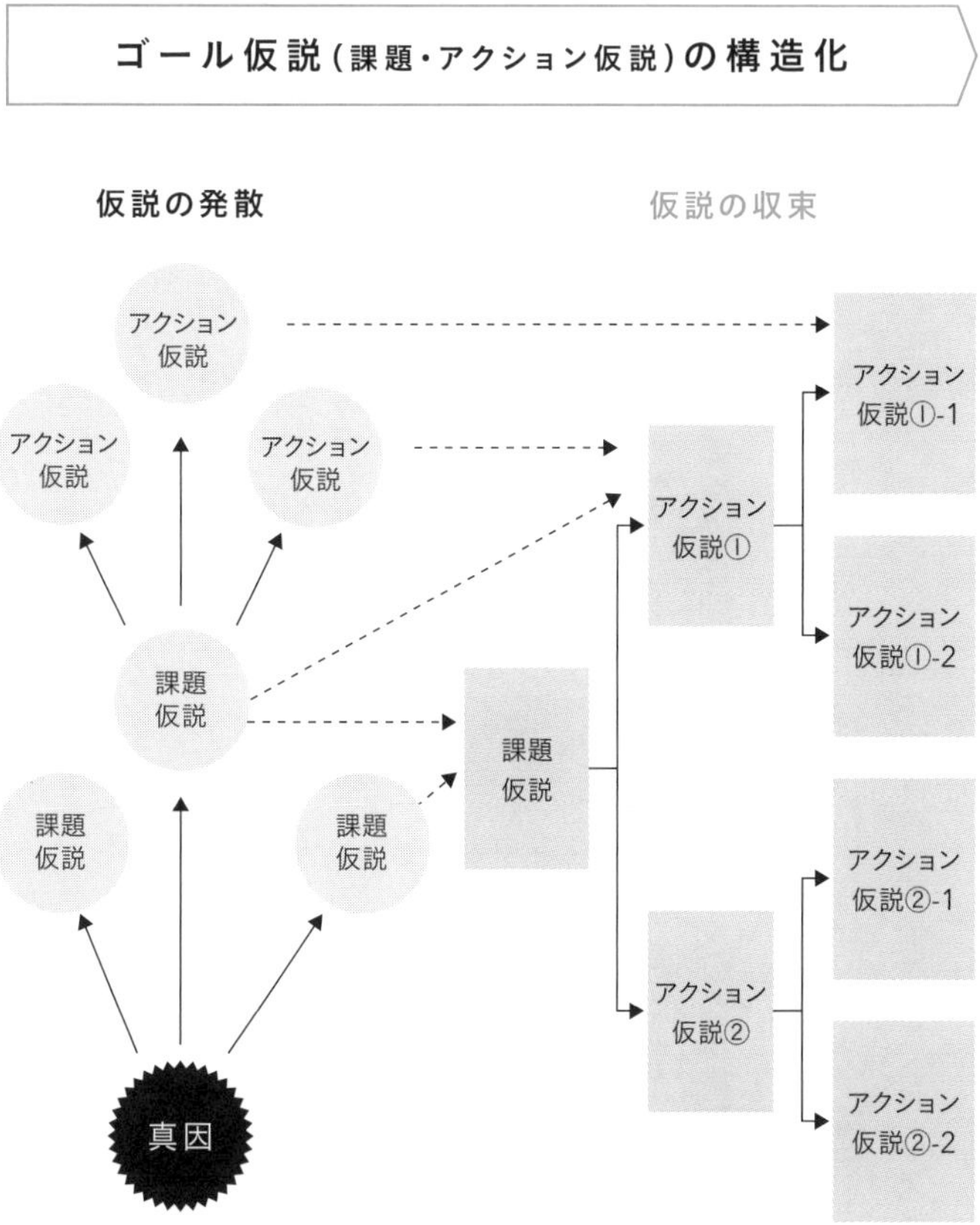

ール仮説（課題・アクション仮説）を構造化することで、概要レベルの仮説で留まってしまっていることに気付くこともできます。ゴール仮説（課題・アクション仮説）は行動に結びついて初めて問題解決として意味のあるものになりますから、具体的な行動につながるようにゴール仮説（課題・アクション仮説）が挙げられているかを構造整理の中でチェックするようにします。

「2-2. ゴール仮説（課題・アクション仮説）の評価」

ゴール仮説（課題・アクション仮説）がいくつか導出できたら、それらを評価することでゴール仮説（課題・アクション仮説）を実行する優先順位を決めていきます。ゴール仮説（課題・アクション仮説）を評価するためには評価基準が必要になります。**どのような評価基準を用いるかは対象とする問題やゴール仮説（課題・アクション仮説）の特徴・性質によるので、毎回最適な評価基準を設定することが重要です。**

例えば「効果」「コスト」「実現性」「リスク」等の評価基準を立てて、各ゴール仮説（課題・アクション仮説）に○×△や点数を付けて評価を行います。評価方法には様々な考え方・手法がありますが、ここでは「点数評価法」と「マトリクス評価法」の2つの評価方法を紹介します。

点数評価法

各ゴール仮説（課題・アクション仮説）を評価基準に照らしたときに、その評価基準を満たしているか否かで点数付けを行う方法です。点数の付け方はゴール仮説（課題・アクション仮説）間の相対評価ではなく、ゴール仮説（課題・アクション仮説）にとってどうなのかで行います。

例えば、評価基準を大いに満たしていれば3点、十分満たしていれば2点、やや満たしていれば1点、満たしていなければ0点といったように点数付けを行います。合計点数が多いゴール仮説（課題・アクション仮説）を選定する、または点数が低いゴール仮説（課題・アクション仮説）を足切りする、といった使い方ができます。また評価基準の間に優先順位がある場合は、例えば特定の評価基準は点数を1・5倍にして点数付けをする重みづけの考え方や、特定の評価基準のみ全体に掛け算を行い、満たしていないと0点＝足切りにする（ノックアウト条件）という考え方も取り入れることもできます。

この方法の場合、合計点数で明確に評価ができるため、客観性の高い判断ができます。ただし、評価項目間の点数差にあまり意味はなく、例えば実現性で3点、コストで2点のオプションと、実現性で1点、コストで4点のオプションでは、両方とも合計で5点となるため、結局点数以外の議論が必要となることから、重要な意思決定を行う場合等、点数評価法を用いて議論を行う際は注意も必要です。

マトリクス評価法

評価基準を2つ選んで縦軸・横軸のマトリクスを作り、各ゴール仮説（課題・アクション仮説）**をマトリクス上にマッピングしながら評価を行う方法です。**明確な点数付けを行うのではなく、縦軸・横軸の評価基準に照らしてゴール仮説（課題・アクション仮説）間の相対的な位置付けを決めていくものです。

例えば、図表2－7に示すように「効果」と「実行性」でマトリクス評価を行うと、効果も高く・実行が簡単である右上象限にある仮説を優先的に取り組んでいくというように使います（ペイオフマトリクス）。仮説間の相対位置をどうするかや、最初の軸の選び方をどうするかという議論はありますが、この方法だとゴール仮説（課題・アクション仮説）の評価の関係性や全体像が分かりやすく、視覚的に選ぶべき仮説を把握することができるので、効率的に仮説の評価を行うことができます。

図表2-7 ゴール仮説(課題・アクション仮説)の評価

点数評価法

	評価基準A	評価基準B	…	総合点
アクション仮説①-1				
アクション仮説①-2				
アクション仮説②-1				
アクション仮説②-2				

マトリクス評価法

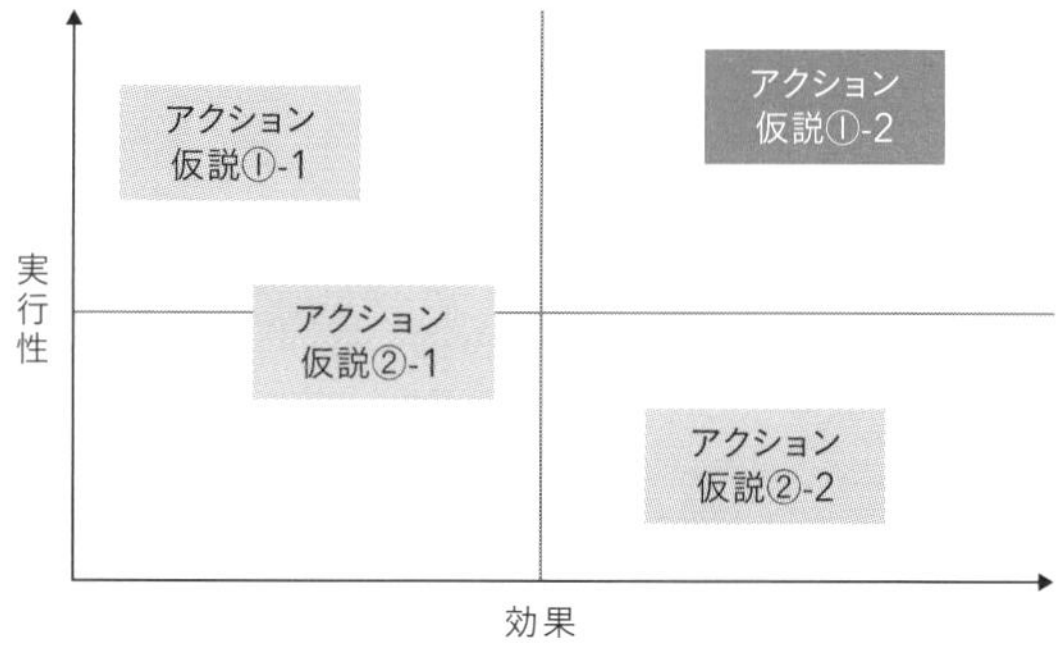

問題解決は一日にして成らず

解くべき問題が明らかになり、実行すべきゴール仮説（課題・アクション仮説）も導出できたら、いよいよその仮説を実行して問題解決を実現する段階です。ここで気を付けるべきことは、問題解決は一度のゴール仮説（課題・アクション仮説）の実行で完遂できるとは限らないということです。問題解決を最後まで成し遂げようとすると、「PDCA」サイクルに沿ってゴール仮説（課題・アクション仮説）の実行と検証を繰り返し行い、問題解決の進捗を確認しながら、仮説をアップデートしていくことが重要です。

特に注意すべきポイントは、①Planの段階で検証計画を明確にすること、②Checkの段階で数値やデータで検証することの2点です。

①については、ゴール仮説（課題・アクション仮説）の実行計画として、仮説の実行によって「どんな効果が出るはずなのか」という想定効果と、「その効果をどのように検知・測定するのか」という検証計画を明確にしておくことを意味します。ゴール仮説（課題・アクション仮説）をただ実行するだけでなく、**仮説を実行した際にどのようなことが検証されれば良いかを明確にして、その良し悪しを検証するための計**

画を事前に練っておくことが重要です。

②については、できる限り数値で定量的に効果を検証することが重要です。うまくいった・いかなかったということをデータや数字以外の評価にゆだねてしまうと、人は情報を都合よく解釈してしまう習性があるため実態から離れた検証結果を出してしまうことがあります。問題解決を実現することがゴールですから、うまくいかなくても客観的な検証結果が得られるようにし、データに基づく反省と改善を重ねていくことが重要です。

第1節では問題解決編（ロジカルシンキング）として、問題解決とは何か、問題解決を行うためのステップや実践的な方法論を説明してきました。また問題解決を行うために必要な様々なフレームワークについても触れてきました。**仕事は問題解決の連続であり、キャリアは問題解決の積み重ねと言っても過言ではありません。**特に今後増えていく正解のない仕事においては、複雑で多様な問題が待っていることでしょう。

ここで学んだ内容はどのような問題にもアプローチできるものですので、ぜひ日々の仕事に少しずつでも取り入れて実践していくようにしてください。

第2節

問題発掘&価値創出編（イノベーションシンキング）

イノベーションシンキングとは何か？

第1節では目の前に特定の問題があって、それをどのように解決するかという問題解決の思考法について説明しました。例えば「売上が減少傾向にある」「マーケティング活動の投資対効果が低い」「業務コストに無駄がある」「組織が硬直化している」といった具体的な問題が既に顕在化していて、その問題を解決するためにどのように考えれば良いか、ということが主題でした。

一方で、新時代のビジネスプロフェッショナルにとっての仕事には、**先の例のような特定の問題が既に目の前にあるケースだけではなく、問題そのものの提起から始めないといけないケースがあると思います。**例えば、新規事業開発や企業のパーパス・ビジョン策定といったテーマにおいては、問題解決だけではなく「問題発掘」や「価値創出」の思考法が必要になると考えています。本節では問題解決の思考法＝ロジカルシンキングに対して、**問題発掘・価値創出の思考法＝イノベーションシンキングについて説明していきたいと思います。**

まずイノベーションシンキングとは何か、何のために活用するのかについて考えてみましょう。「イノベーション」という言葉には様々な定義があります。次に2つの「イノベーション」の定義を挙げてみます。

●シュンペーター『経済発展の理論』

「経済活動の中で生産手段や資源、労働力などをそれまでとは異なる仕方で新結合すること」

「新結合とはこれまで組み合わせたことのない要素を組み合わせることによって新たな価値を創造すること」

●経済産業省『日本企業における価値創造マネジメントに関する行動指針』（2019/10/4）

「社会・顧客の課題解決につながる革新的な手法（技術・アイデア）で新たな価値（製品・サービス）を創造し、社会・顧客への普及・浸透を通じてビジネス上の対価（キャッシュ）を獲得する一連の活動を『イノベーション』と呼ぶ」

これらのイノベーションの定義に共通しているのが、「今までにない価値を見出す・生み出す」ということです。そして「今までにない価値を見出す・生み出す」ためには、世の中で「問題」や「価値」として認識されていないものを、新たな「問題」や「価値」として発掘する必要があります。

前章で述べてきた「正解のない仕事」「非連続な環境」において最も必要とされ、今後のビジネスリーダーのパフォーマンスを左右する重要なスキルであることは間違いないでしょう。**本書では世の中で「問題」や「価値」として認識されていないものを、新たな「問題」として発掘し、新しい「価値」を創造していく一連の思考法をイノベーションシンキングと呼びたいと思います。**この思考法は主に新規事業開発や企業のパーパス・ビジョン策定等に活用することができます。

例えば新規事業開発ではいかに既存市場にない新しい提供価値を見出して製品・サービスに落とし込めるかがその事業の事業性や将来性の源泉になりますし、パーパス・ビジョン策定では自分たちの会社が未来の社会にとってどのような価値を提供する存在になるかを規定するものです。いずれも何か解決しなければならない特定の問題がある訳ではなく、何もないところから新しい価値を見出すという点で共通してい

図表2-8　イノベーションシンキングとは何か?

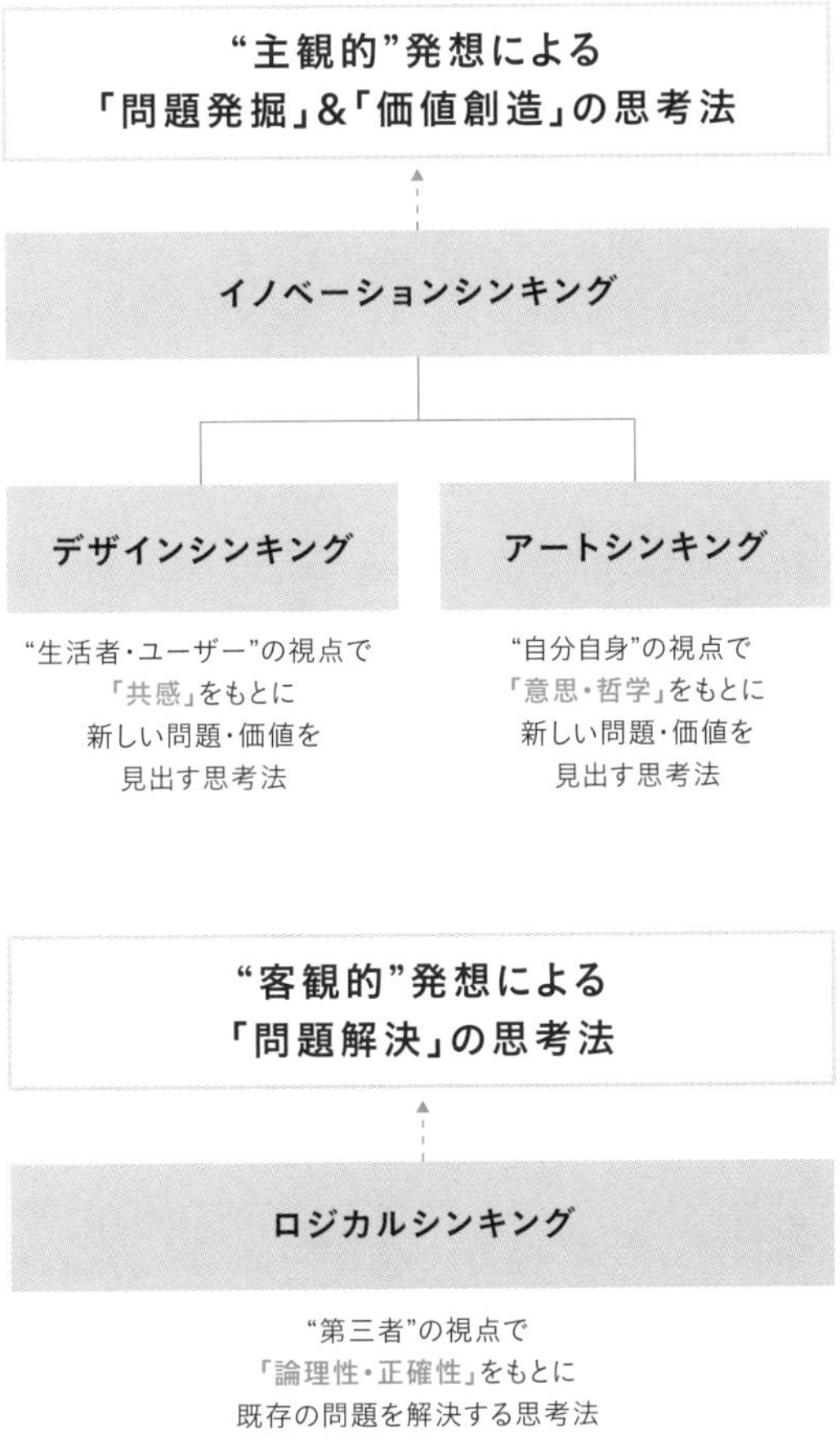

“主観的”発想による
「問題発掘」&「価値創造」の思考法
イノベーションシンキング
デザインシンキング
“生活者・ユーザー”の視点で
「共感」をもとに
新しい問題・価値を
見出す思考法
アートシンキング
“自分自身”の視点で
「意思・哲学」をもとに
新しい問題・価値を
見出す思考法
“客観的”発想による
「問題解決」の思考法
ロジカルシンキング
“第三者”の視点で
「論理性・正確性」をもとに
既存の問題を解決する思考法

ます。

さらにイノベーションシンキングをロジカルシンキングとの違い・対比で捉えてみたいと思います。第1節で見てきた通り、問題解決＝ロジカルシンキングは「客観性」「正確性」「網羅性」といった特徴があります。一方で問題発掘・価値創出＝イノベーションシンキングは「主観性」「ストーリー性」「唯一性」といった特徴付けができます。つまり、**ロジカルシンキングは正確なファクトに基づきロジックを積み上げることで明快な説明力を持った問題解決を実現するものですが、イノベーションシンキングは主観を使い分けながらアイデア発想を行いその主観にとっての価値をストーリーで紡いで問題発掘・価値創出を行うものです。**

特に重要な違いは「客観性」「主観性」という自分の持つスタンス・立場をどこに持つかということです。ロジカルシンキングは第三者的視点で論理の正確性を担保するものですが、イノベーションシンキングは「自分」「ユーザー」「社会」という様々な主観の顔を持って物事を見つめる・考えるという点が大きな違いです。これはイノベーションシンキングの具体的な思考法である「デザインシンキング」「アートシンキング」にもつながるもので「デザインシンキング」は「生活者・ユーザー」の主観の顔を持って既存市場や既存製品・サービスを見つめる思考法で、「アートシンキング」は「自分自身」という主観の顔を持って社会や生活を捉える思考法です。

ただしここで**注意すべき点はロジカルシンキングとイノベーションシンキングは二項対立の関係ではなく補完関係にあるということです**。つまり「新しい問題や価値を発掘する」という目的の中で、例えば新たに市場創出をするために既存市場の調査を行う際には第1節で説明した問題仮説（○○市場の将来性は）を設定して検証を行うというプロセスを踏みます。「デザインシンキングを使えばイノベーションが起こせる」「ロジカルシンキングではイノベーションは起こせない」ということは誤った考え方であり、新しい価値を見出す・生み出すためには、イノベーションシンキングとロジカルシンキングの両方を備えること・発揮することが極めて重要であるということです。

「共感」から新しい価値を見出すデザインシンキング

まずはデザインシンキングとはどういうものかについて見ていきたいと思います。**デザインシンキングは読んで字のごとく、デザイナーの発想法やデザイン業務で用いる思考様式を、デザイン以外の領域に活用するための思考法です**。

例えば、デザイナーの一例として建築士で考えてみましょう。家を建てたいという依頼主の要望や理想をヒアリングしてその希望を叶えられるようにゼロから家を設計・デザインするのが建築士の仕事です。またＷｅｂデザイナーは、Ｗｅｂサイトを訪れる人にとって分かりやすい・ワクワクする・満足できるようなページ構成、画面レイアウト、機能配置、色彩デザインを考え、Ｗｅｂサイトの設計に落とし込んでいくのが仕事です。

デザインシンキングの特徴はこれらのデザイナーの思考プロセスにおける共通点である、「依頼主」や「Ｗｅｂサイトを訪れる人」といった「ユーザー」を中心としてゼロから発想を行う点にあります。イノベーションシンキングの特徴として「主観性」という要素がありましたが、デザインシンキングの場合は「ユーザー」「生活者」という主観の顔を持って市場や生活、身の回りの製品・サービスの問題を発掘し、新しい価値を見出すというのがデザインシンキングの本質です。

これはロジカルシンキングが持つ「客観性」や「網羅性」とは真逆の思考様式であり、サンプル数の少ない「ユーザー」や「生活者」の意見であっても、それがその市場の本質的な問題として昇華できるものであれば有用なものとして扱い、それを起点に新しい価値を見出していくということです。「ユーザー」や「生活者」という顔を持つためには、「共感」が重要なキーワードになります。つまり、**いかにユーザーや**

図表2-9　デザイン思考の本質＝「共感」

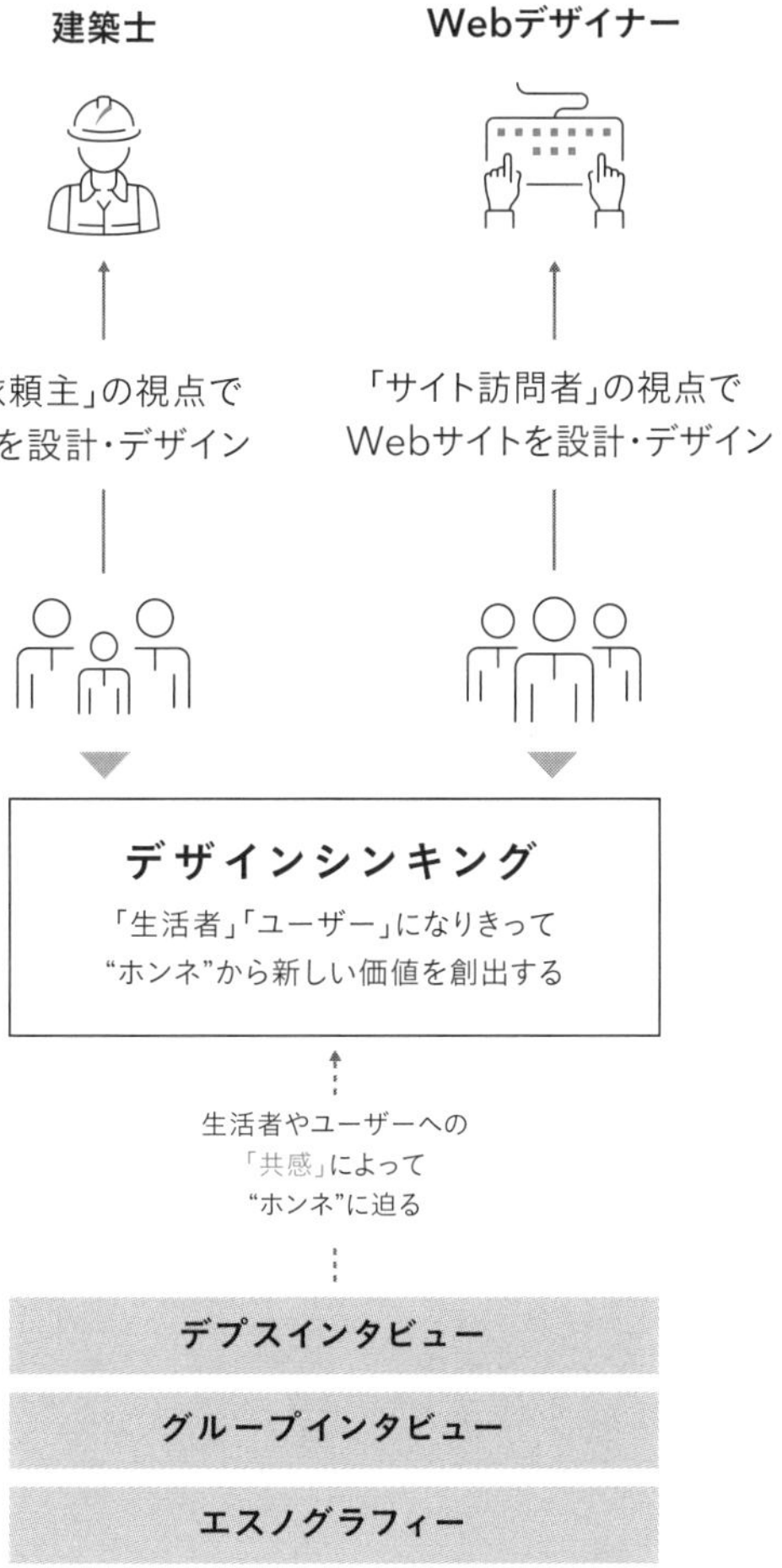
「依頼主」の視点で
家を設計・デザイン
「サイト訪問者」の視点で

生活者やユーザーへの
「共感」によって

生活者になりきって、生活者が日々見ているもの、考えていること、行動していることを自分ゴトとして感じることができるかが新たな問題や価値を見出す源泉になります。

デザインシンキングは「共感」を起点に「ホンネ」の理解と「アイディエーション」へと続いていきます。まずは「共感」と「ホンネ」について考えてみましょう。

「共感」と「ホンネ」

「ユーザー」や「生活者」の立場になって物事を考え、その行動や心情に「共感」することは一筋縄ではいきません。

「共感」を会得するための具体的な手法としては、特定の生活者の本音を掘り下げて聞き出すためのデプスインタビュー（DI）、フォーカスグループインタビュー（FGI）や、生活者の実際の生活行動を観察・追体験するエスノグラフィーといった調査があります。これらを通じてアンケート調査や購買データ分析等の通常のマーケットリサーチでは得られないユーザーの生の声や活きた課題感を収集します。そうすることで、競合他社や既存市場にはない、自分たちにしか気付き得ない情報となり、それを元手に事業アイデアや未来を構想することで「新しい」価値が生まれるのです。

ただしインタビューやエスノグラフィー調査を通じて生活者に「共感」をするためには、「ユーザー」や「生活者」が話す内容をそのまま鵜呑みにせず「ホンネ」に迫ることが重要です。「ホンネ」とは「ユーザー」や「生活者」が語る言葉の裏にある深層的な想いや考えのことを指します。世間一般では「インサイト」とも呼ばれることもありますが、デザインシンキングの主役は「ユーザー」や「生活者」であるので、主観的になるためにもあえて「ホンネ」と呼んでいます。

筆者が過去に関わったシニア向け新規事業開発プロジェクトで高齢者の就労意識について様々な高齢者の方にデプスインタビューを行ったことがありました。その際に「地域のボランティア活動」を行う動機を聞くと「自分が住んできた地元に貢献・還元したい」という答えが最初にありました。これは誰しも一般的に思いつきそうな動機です。ただささらに掘り下げていくと「地域で活動をしておくと自分に何かあった時に助けてくれる」「ちょっと姿を見せなかった時に心配してくれる」というある種打算的な想いを持って取り組んでいることも分かりました。そこから「高齢者の地域活動は持ちつ持たれつの意識でやっているのがホンネ」という共感の会得につながり、「地域社会でより気軽に助け合うための場が足りていない」という問題の発掘となり、「持ちつ持たれつの要素を埋め込んだ地域ビジネスとして成り立つのではないか」

という課題が生まれ、地域版C2Cスキルシェアビジネスの構想が深まりました。

このようにして**デスクリサーチや有識者インタビューでは掘り下げきれない生活者の「主観」を聞き取り、そこからの「共感」と「ホンネ」をもとに、ゼロから新しい問題・課題や価値を見出すというのがデザインシンキングの本質的なプロセスです。**

新しい問題や課題を提起するためには「ユーザー」や「生活者」の「ホンネ」にいかにたどりつけるかにかかっています。これは「ホンネ」の裏返しが新しい問題や課題の発掘につながるケースが多いからです。先のプロジェクト事例の通り、「ホンネ」に迫るためには「ユーザー」や「生活者」の一つの意見・声で納得してしまうのではなく、「そのように思う・行動する理由は他にもあるのではないか」「何か隠している考えがあるのではないか」といったことを念頭に、あえて逆の意見としての質問を投げかけてみることが有効です。

例えば、ファッションに対する意識で「エシカルな服がもっと世の中にあるといい」という声に対して、あえて「使い捨てられる服はいらないですか？」と問うてみるということです。そうすると「汗かきなので夏場の肌着は毎年使い捨てているかも」や「エシカルは正義というより自己表現の意識」という「ホンネ」が出てくるかもしれません。

エシカルな社会にしていくということはＳＤＧｓやＥＳＧの見地からは疑う余地のない目指すべき方向性ではありますが、そうした世界を具体的に実現するためには、生活者から見たエシカルというものの実態的な使い分けや消費・普及をくすぐるポイントを掘り下げることが重要であり、あえて逆説的な問いをぶつけて「ホンネ」に迫っていくことが有用です。

アイディエーション

「ユーザー」や「生活者」への「共感」「ホンネ」をもとに、市場や製品・サービスに対するホンネとして新たな問題や課題を導出することができたら、「アイディエーション」に移ります。ここは第１節で見た課題仮説・アクション仮説の導出と同じように、日々の情報収集、他社事例、フレームワークを活用してアイデアを発散させていきます。ただし、問題が定義されている中で解決策を挙げていくのとは異なり、ここでは斬新なアイデアを出していくための２つのポイントを付加したいと思います。

①先端事例から学ぶ

問題解決・ロジカルシンキングでは、同じような問題に取り組んでいる他社・自社事例から学ぶことをポイントとしていましたが、**ここでは周辺業界・カテゴリの先端事例をシャワーを浴びるように学ぶことが重要です**（インプットシャワー）。

例えば衣料品メーカーの新規事業開発ＰＪでは、「衣」に関する他社・他業界の新規事業事例だけでなく、「衣」を「ファッション」として昇華・解釈して、「ファッション」とつながりの深い「アート」「音楽」「エンタメ」「食」等の周辺カテゴリにおけるデジタルを活用した先進的な取り組みや自分が面白いと思う取り組みにまで広げて事例を集めてアイデア発想を行いました。

自分の頭の中に作られてしまっている常識からでは斬新なアイデアは生まれませんから、大量かつ様々な先進事例に溺れてみることで頭の中の常識を取り払って着想を広げることが可能になります。

②ワークショップで発想を広げる

いくら先端事例を浴びても一人の人間から出せるアイデアには限りがあります。**「アイディエーション」においてもう一つの重要なポイントは集合知でアイデアを発散させることです。**同じインタビュー調査結果や先端事例でも、それを解釈したり頭の中で結び付けたりする思考回路は人によって千差万別です。

ワークショップの具体的な設計方法や実施方法は世に様々な解説本があるので詳細はそちらに譲りますが、筆者が関わってきた新規事業開発ＰＪではほぼ毎回アイデア発想ワークショップを行います。先端事例等の情報を与えて自由にブレインストーミングを行い、アイデアのグルーピングといった進め方をするケースもあれば、生活者の〝ホンネ〟の発想から始めてそれに対応するアイデアを出していくといった進め方を取るケースもあり、参加者や出すアイデアの粒度感に応じて設計を工夫しながら実施します。

デザインシンキングは、ゼロから新しい問題・課題を提起したり、新しいアイデアを生み出したりするために非常に有効な思考法です。そのエッセンスは「ユーザー」「生活者」という主観に憑依すること、その「ユーザー」「生活者」の「ホンネ」に迫ること、そして先進事例や様々な人の発想を持ち寄って「アイディエーション」を行うことにあります。特に新規事業を検討する際には、ぜひこのエッセンスを参考に思考を進めてみてください。

自分ゴト化で問題を発掘するアートシンキング

デザイナーの思考法をビジネスに転用したのがデザインシンキングであったよう

図表2-10 「意思」から発想するアートシンキング

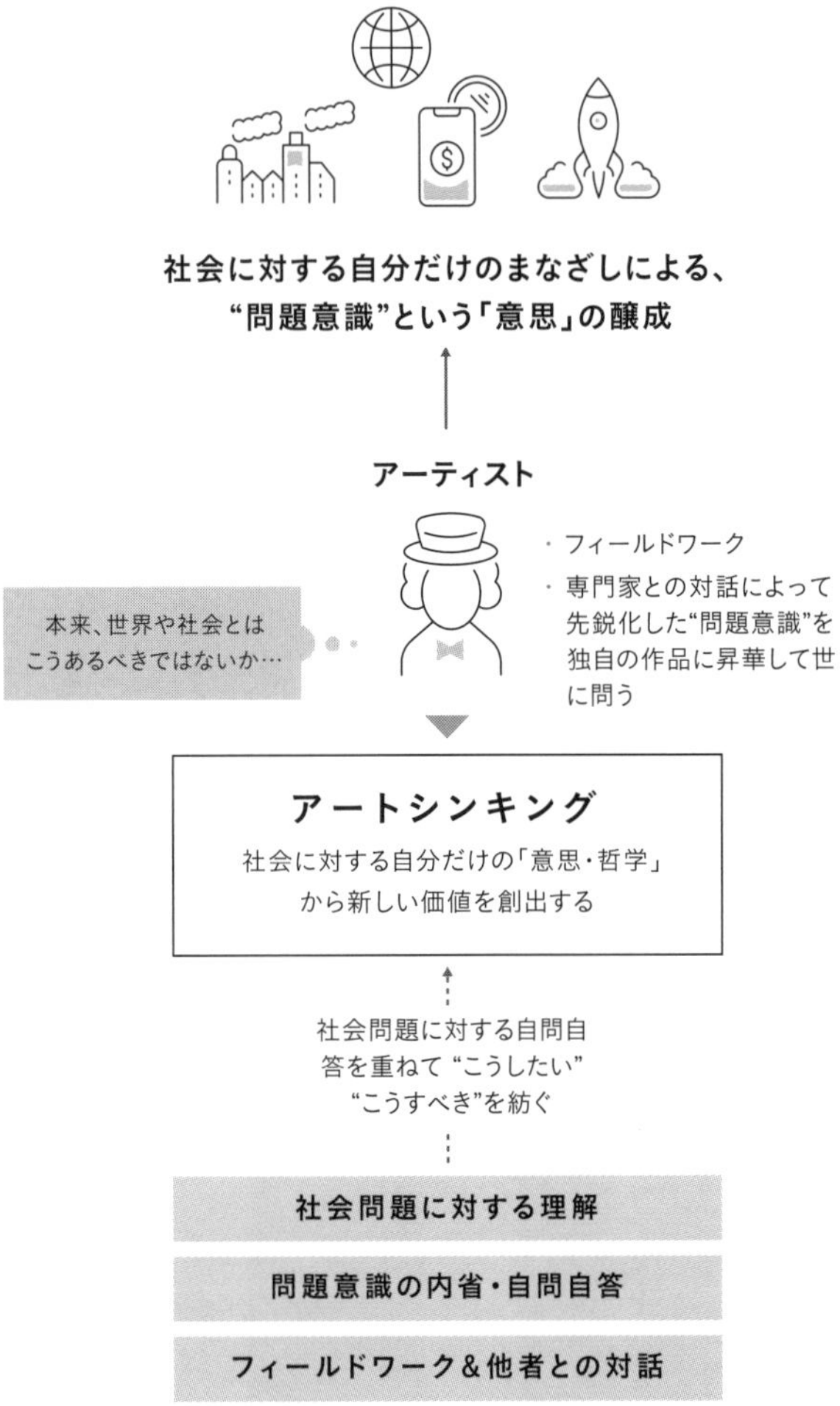
社会に対する自分だけのまなざしによる、
“問題意識”という「意思」の醸成
アーティスト
・フィールドワーク
・専門家との対話によって先鋭化した“問題意識”を独自の作品に昇華して世に問う
本来、世界や社会とは
こうあるべきではないか…
アートシンキング
社会に対する自分だけの「意思・哲学」
から新しい価値を創出する
社会問題に対する自問自答を重ねて“こうしたい”
“こうすべき”を紡ぐ
社会問題に対する理解
問題意識の内省・自問自答
フィールドワーク＆他者との対話

に、**アートシンキングはアーティスト（芸術家）の思考法をビジネスに活用するものです。**「アート」「芸術」というと自分の世界から遠いもののように思いますが、子どもの時に絵を描いた時のことを思い出してみてください。動物の絵でもキャラクターの絵でも、絵を描くというのは自分の中に何か描きたいものがあって描くことが多かったと思います。粘土遊びでも、自分が作りたいものを作ったり、とりあえず自分が思いついたものを作ったりしてみたことでしょう。

アートシンキングの本質はこのように子どもの時に「絵を描く」「粘土遊びをする」といった中で発露されていた「自分はこうしたい」という自分自身の「意思」を元手にアイデアを発想するということにあります。ロジカルシンキングが「客観」、デザインシンキングが「ユーザー」や「生活者」になりきった「主観」で物事を考え、発想する思考法であったのに対して、**アートシンキングは「自分」という「主観」で物事を考え、自分自身の「意思」から発想する思考法です。**

一方で、自分の「意思」をもとに、ああでもない、こうでもないと思案することが果たしてアートシンキングと呼べるのか、と違和感を持たれる方もいるかもしれません。自分自身の「意思」を起点とした発想がアートシンキングにおいて重要であることは間違いではないのですが、ここでアーティストの思考プロセスをもう一歩踏み込んで考えてみたいと思います。

アーティストが自分の作品を世の中に発表する時、その背景には「自分は今のこの社会をこのように見ている」「自分は現代社会のここを問題だと思っている」という、「社会」に対する明確な「問題意識」があると筆者は考えています。つまり、**数多ある社会問題に対して自分なりの解釈＝「その問題を自分は良いと思うのか悪いと思うのか」「その問題を自分はなぜ悪いと思うのか」ということを内省・自問自答を繰り返して、自分なりの社会問題に対する「問題意識」のスタンスを持っているのがアーティストの特徴だと考えています。**そうして得た自分の「意思」としての社会に対する「問題意識」をフィールドワークで検証したり、様々な専門家との対話で鋭く尖らせたりした結果を、言葉ではなく芸術作品として表現していくのがアーティストの思考プロセスです。

このように整理すると、アートシンキングをビジネスに転用するもう一つのポイントは社会に対する問題意識の「内省・自問自答」ということになります。例えば「人口増加や工業化による水質汚染」という問題に対して、自分は「良くないことだ」と思うとします。次に「何が良くないのか」ということを自問自答してみると「海が汚染されると魚が生きられなくなる」「汚染された水が水道水から出てくるようになる」

といったように問題意識が深掘られていきます。さらに踏み込んで「魚が減ると好きなお寿司が食べられなくなる」「水道水が汚いとアイスやかき氷が食べられなくなる」といった自分自身にとっての問題意識になっていきます。

このような思考プロセスと似たようなことをアートプロジェクトとして実施したのが国立台湾芸術大学芸術学部の学生が制作した「100%純汚水製氷所」です。このプロジェクトでは台湾の河川や港など100カ所から汚染水を集め、その汚水サンプルを凍結・ポリエステル樹脂で固めて保存しアイスキャンディーを制作しました。1か所につき1個のアイスキャンディーを制作して、100個の汚染されたアイスキャンディーとして発表されたこの作品は、台北世界貿易センターのデザイン展にも出展され注目を集めました。

アートシンキングで自分自身の考えを深掘っていく際に重要なのが、ロジカルシンキングで見たようなフレームワークや事実・データ・通説に基づいて論理的に考えたりしようとせずに、「自分自身にとって困ること＝自分ゴト」で考えることです。

論理的に考えてしまうと、正しいかもしれないけど自分はそうは思わないものが出てきてしまって、果たして何を考えていたのかが分からなくなってしまいます。実際のビジネスの現場ではアート作品を制作することが目的ではありませんから、このように社会問題に対する自分なりの「問題意識」を自分というフィルタで自問自答を重ねて「意思」として昇華していくことが重要です。

アートシンキングのビジネスへの活用としては、新規事業開発もさることながら企業のパーパスやビジョンを策定する際にも威力を発揮することが多いように思います。例えば、30年後の社会の姿を見据えて自分たちの会社のパーパスを検討する際に、30年後の社会の姿を正確に捉えることは誰にもできません。将来の社会を取り巻く状況や問題を、自分たちの会社としてどのように捉えるかはまさに「意思」をどこに持つかにかかっています。つまり、このような社会の姿もあり得るし、あのような社会の姿もあり得るとなった時に、それを選び取るのは「意思」に他ならないということです。

例えば「人口増加や工業化による水質汚染」が蔓延る社会の中で自分たちの会社はどうあるべきかを、社長や部長や社員が自分ゴトとしてどのような「問題意識」を置くのか、それにどのように相対していくのかを考えて、皆で目指すべき社会像や企業像を描くということです。

このケースでも、ワークショップを行いながら未来の社会環境を経営層〜社員一人一人がどのように考えるかを拾い上げながら未来の社会の姿や企業のあり方を様々に描き、それを選び取っていくというプロセスを踏んでいきます。ロジカルシンキングでは「取るべき選択肢」を客観的に示してくれますが、アートシンキングでは「取りたい選択肢」を自分の意思から紡ぎ出していきます。片方だけでは偏った意思決定になるのは明らかでしょう。**社会に対する「問題意識」を自分ゴトとして内省・自問自答を繰り返し、「意思」として昇華するというアートシンキングの本質を理解して、ロジカルシンキングとバランスを取りながら物事を考えていくことが重要です。**プロローグで述べた過去にない大きな環境変化、潮流の変化からくる日本という国や産業、社会システムの構造的な創り直しが叫ばれる中で、ビジネスリーダーとして読者の方々は未来を切り開いていく役割が求められています。アートシンキングがなぜ今脚光を浴びて、重要視されているのか、が自ずとお分かりになったのではないでしょうか。

「論理」「共感」「意思」の3次元の思考

本章では思考力（考える力）をテーマに、問題解決のためのロジカルシンキング、問題発掘のためのデザインシンキング、アートシンキングと3つの思考法について説明してきました。本章の最後に各思考法の関係性を整理しながら、新時代のビジネスプロフェッショナルにとってこの3次元の思考法を使いこなすことの重要性について触れてみたいと思います。

ロジカルシンキング

問題解決のためのロジカルシンキングは、ある特定の問題が既に目の前にあり、それを解決しなければならないという状況において、非常に強力な思考法でした。ある特定の問題とは、例えば「市場シェアが下がっている」「自社の認知度が低い」「優秀な人材が確保できない」「無駄な会議が多い」といったものです。こういった問題に対して、問題とされていることを掘り下げて問題の構造化を行い、ファクトの積み上げで各問題の検証を行ったうえで、本当に解決すべき問題＝真因を明らかにし、それを解決する課題仮説・アクション仮説を導出する、ということを考えました。構造化や検証を適切に行うために、いかに「論理的」かつ「客観的」にファクトを積み上げていくかが問題解決・ロジカルシンキングにおいて重要なポイントです。具体的にはフレームワークの活用やWhy So／So Whatの繰り返しを通じて問題をモレなくダブりなくロジックツリーに落とし込むことで、「論理的」かつ「客観的」に問題を扱うことを学びました。

図表2-11 「論理」「共感」「意思」の3次元の思考

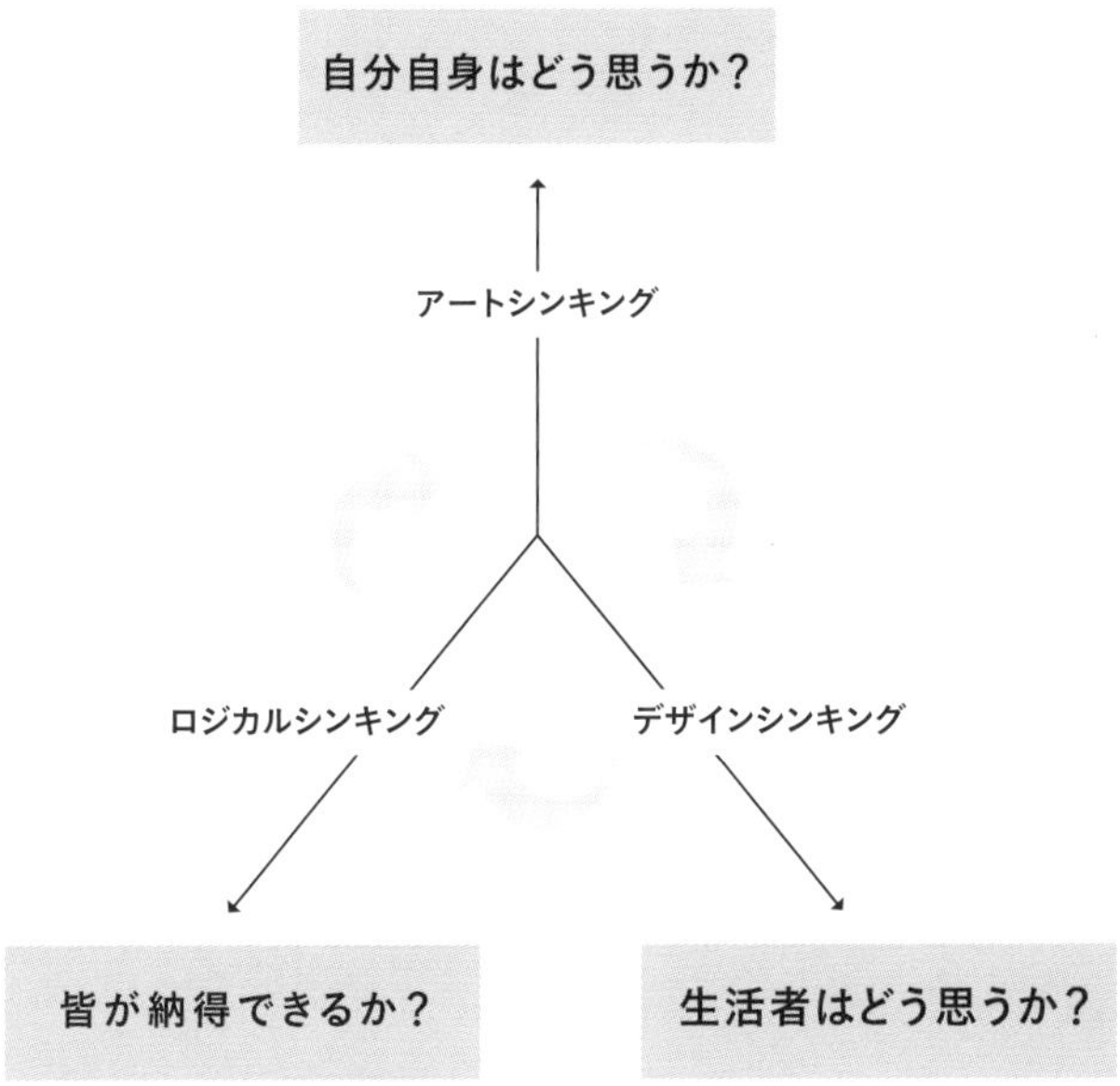
自分自身はどう思うか？
アートシンキング
ロジカルシンキング
デザインシンキング
皆が納得できるか？
生活者はどう思うか？

イノベーションシンキング

一方、**問題発掘のためのイノベーションシンキングでは、ゼロから自分たちが向き合うべき問題を見出す必要がある状況において有用な思考法を説明しました。**データやファクトの積み上げによる「客観」的な姿勢ではなく、「ユーザー」「生活者」「自分自身」といった「主観」で物事を捉え、新たな問題や価値を発想するという考え方です。

デザインシンキングでは「ユーザー」「生活者」のホンネを捉えてそれを新たな問題に昇華していくことで、アートシンキングでは「自分自身」の意思として社会に対する問題意識を自分ゴトとして掘り下げていくことで新たな問題提起を見出していくということを説明しました。

ここで強調しておきたいのが、デザインシンキングやアートシンキングという言葉に含まれる「デザイン」や「アート」に引きずられて本質を見失わないようにすることです。つまり、**実際のビジネスの現場においては、「ユーザー」「生活者」はどう思うのか（＝「共感」）、「自分自身」はどう思うのか（＝「意思」）、という視点を行き来して使いこなすことが重要であるということです。**

両者を補完させる

　これはロジカルシンキングとの関係性においても重要な意味を持っています。例えばデザインシンキング＝生活者への共感をもとに生活者が抱えるある重大な問題を発掘した時に、その問題が本当にビジネスとして成り立つ問題なのかという検証が必要になった場合、ロジカルシンキングで学んだ問題の掘り下げ（Why So/So What）に頭を切り替えます。

　ここに各思考法がそれぞれ対立するものではなく、補完し合う関係にあることが分かります。つまり、**イノベーションシンキングが新しい問題や新しい価値を見出すのに有効な思考法であるとすると、ロジカルシンキングはその新しい問題や新しい価値をビジネスの側面から検証するために有効な思考法であると捉えることができます。**

新規事業開発や企業のパーパス・ビジョン策定では、このように様々な視点・思考法を行き来しながら、より良い事業アイデアや未来の自社の方向性を紡ぎ出していくということを行います。正解のない仕事に思考力で立ち向かう本質は、このように「論理」「共感」「意思」の3次元の思考法を使いこなすことに他ならないということをぜひとも覚えておいていただき実践してください。

第2のスキル　まとめ

- 新時代のビジネスプロフェッショナルには、「問題解決」のための思考法（ロジカルシンキング）だけでなく「問題発掘・価値創出」のための思考法（イノベーションシンキング）を使いこなせるようになることが求められている。
- 「問題解決」のための思考法では、目の前にある特定の問題に対して、仮説思考を発揮して問題仮説やゴール仮説を構造化・検証しながら「客観性」を持って論理的に納得感や妥当性のある問題解決策を導出する。
- 「問題発掘・価値創出」のための思考法では、デザインシンキングによる「生活者」やアートシンキングによる「自分自身」の目線から、「共感」や「意思」の視点で市場や社会を見つめ、「主観性」で新たな問題や価値を発掘する。
- 正解のない仕事の中で特にイノベーションを生み出すには「ロジカルシンキング」も「イノベーションシンキング」も欠かせない。「論理」「共感」「意思」の3次元の思考法を行き来できることが重要である。

第
3
のスキル

アウトプット力

攻めのタスクマネジメントで
脱作業者に

第3章では自分が考えた内容を目に見えるアウトプットとして資料化していく際に気を付けるポイントを、「仕事の進め方」と「ドキュメンテーション」の2つの側面から見ていきたいと思います。

いくら思考力があっても、相手にとって意味のないアウトプットを出していると仕事は前に進みませんし、自分が考えたことを資料に落とし込むために無限に時間を掛けることはできませんから、**限られた時間で求められたアウトプットを出す力は人と仕事をするうえで欠かせないスキルです。**「仕事の進め方」では、上司から具体的な仕事を振られた際に意識すべきこと・やるべきことについて説明します。

特に、振られた仕事に対して「どうすれば良いか分からない」「何から手を付けたら良いか分からない」という状況でいきなり手を動かすのではなく、しっかりと自分の中で「作業設計」をしてから作業に取り掛かることの重要性とその作法について説明したいと思います。また「ドキュメンテーション」については、若手社員の主なタスクである資料作成について説明します。

パワーポイントやエクセル等のドキュメンテーションツールを活用したきれいな絵や図解を描くためのテクニック論や技術的な内容については他の解説本に譲って、**コミュニケーションツールとしてのドキュメントの側面に焦点を当てて、資料作成にお**

ける肝となる「言語化」の領域で注意すべきポイントを説明したいと思います。

第1節 仕事の進め方編

「どうやるか?」を考える

まずは上司から仕事を任された時に、その仕事に対してどのような意識を持ち、どのようなアクションで取り組み始めるべきかについて考えてみたいと思います。仕事といっても様々ありますが、本書では「企画書を作成する」「市場調査・分析レポートをまとめる」「業務改善案を資料化する」といった、目に見える明確な成果物がある仕事を想定して、その仕事の進め方について説明します。

仕事の進め方は①仕事の目的・ゴール・期限を確認する、②目的・ゴールを達成するために必要なアウトプット(成果物)を定義する、③アウトプットの創出に必要なアクションを明確化・整理する、④各アクションの実施スケジュールを決定する、⑤アクションに取り掛かる、の5つのステップが基本形です。このプロセスを見て分かる通り、具体的なアクションに取り掛かる前に複数のステップを経る必要があります。「頭を動かす前に手を動かせ」と言われることがありますが、特に正解のない仕事や複雑な仕事に対して初めから手を動かしてしまうと、いくら作業をしても「何か違う……」となって前に進まず、時間を浪費することにつながります。したがって、**まずは頭を動かして「なぜやるのか？」「何をするのか？」「どうやるか？」を設計するところから始めることが重要です。**

自分がやったことのない仕事に臨む時や考えることが多すぎて何から手を付けたらいいかが分からなくなった時には、まず作業の目的が曖昧になっていないか、クリアに腹落ちしているかをしっかりと確認したうえで、では「どうやるのか？」を落ち着いて考えることが大切です。焦ってとりあえず手を動かし始めてしまうと、手を動かした結果が仕事の目的とズレていた場合に、致命的なスケジュール遅延や無理に間に合わせようとして仕事の質の低下を生みます。

このように仕事に取り掛かる際の事前の作業設計の考え方がしっかりできると、仕事における信頼の幅が広がります。上司から仕事を振られた時にそのやり方まで丁寧

図表3-1 仕事の進め方の5つのステップ

❶ 仕事の目的・ゴール・期限を確認する

- ☑ なぜその仕事を行うのかの明確化(目的)
- ☑ どのような状態になれば良いのかの明確化(ゴール)
- ☑ 期限はいつまでかの明確化(期限)

▼

❷ 目的・ゴールを達成するために必要なアウトプット(成果物)を定義する

- ☑ アウトプットのフォーマットの定義
- ☑ アウトプットの粒度の定義

▼

❸ アウトプットの創出に必要なアクションを明確化・整理する

- ☑ 大枠の進め方の明確化
- ☑ 細かいアクションレベルでの洗い出し

▼

❹ 各アクションの実施スケジュールを決定する

- ☑ 大枠の進め方の明確化
- ☑ 細かいアクションレベルでの洗い出し

▼

❺ アクションに取り掛かる

に教えてくれるのは社会人になって最初のうちだけでしょうから、細かく指示をされなくても自分で作業設計を考えて自走できることは「任せられる」「きっちり仕事を進めてくれる」ということにつながります。

一方、仕事を振る側においても、配下のメンバーに指示を出して手を動かしてもらう前に、自分の中で①~⑤がきちんと整理されているかは要チェックです。自分が手を動かさないとしても、配下のメンバーが適切に仕事を進めていることを確認するためにも自分の中で仕事の進め方について腹落ちしている必要があります。自分が手を動かす前に、あるいは配下のメンバーに手を動かしてもらう前に、「なぜやるのか?」「何をするのか?」「どうやるのか?」を考える癖づけを意識しましょう。

それでは先述の仕事の進め方の5つのプロセスについて、具体的にどのようなことを意識して実行すべきかについて説明していきたいと思います。

①仕事の目的・ゴール・期限を確認する

まず「なぜその仕事を行うのか?(目的)」「どのような状態になれば良いのか?(ゴール)」「期限はいつまでか?(期限)」という3つの視点から仕事を確認・定義することから始めます。

「なぜ行うのか？（目的）」については、その仕事が起きた経緯や背景を理解してその仕事の必要性を認識することで、細かい作業に入った後に「なぜこの仕事をしているのか？」を振り返ることができ、不要なストレスを緩和し、仕事へのモチベーションを保つことができます。また目的を明らかにすることで、この仕事がこの後にどうつながるのかを理解することにも役立ちます。

自分の行う仕事がその後の仕事にどのようにつながっていくかを理解することで、先を見据えて仕事をすることにもつながり、②必要なアウトプットを整理する、③必要なアクションを明確化・整理するプロセスに向けて、前手前手で必要な作業を設計することが可能になります。

「どのような状態になれば良いのか？（ゴール）」は、その仕事の完了基準を明確にすることです。仕事の完了基準が曖昧だと、とりあえず言われた通りの情報を集めてみたり、資料を作ってみたりしたけれど、相手から見た時に仕事としては完遂できていないという状況が発生します。後続のアウトプット規定やアクション整理のプロセスにも大きく影響するので、どうなっていればその仕事が完了と見なされるのかというゴールの定義は丁寧かつ明確に行うことが重要です。

「期限はいつまでか？（期限）」は、その仕事の最終期限を確認することです。規定した完了基準がいつまでに達成されていれば良いかを明らかにすることで、仕事の実施スケジュールを検討する際に細かなレビュータイミングや相談タイミングを設計するインプットになります。

【具体例】

ケース：「ある市場の競合の動向について調べて欲しい」という仕事があった時の目的・ゴール・期限の確認

「**なぜ行うのか？（目的）**」：現在検討している新規事業案を競争環境の視点から評価するため

「**どのような状態になれば良いのか？（ゴール）**」：参入予定市場の先行競合企業の強み・特長が分かり、新規事業案の市場参入難易度が評価されていること

「**期限はいつまでか？（期限）**」：2週間後のクライアントMTG

②目的・ゴールを達成するために必要なアウトプット（成果物）を定義する

仕事の目的・ゴールが明らかになったら、そのゴールに向けてどのようなアウトプ

ットを出すかを明確に定義します。具体的には「アウトプットのフォーマット」や「アウトプットの粒度」についてすり合わせを行います。「アウトプットのフォーマット」はパワーポイント、エクセル、ワードで作成するといった外形的な定義だけではなく、アウトプットする情報項目や情報項目をまとめた枠組みを明らかにします。「アウトプットの粒度」は一概にこれくらいの粒度感でという定義は存在しませんので、上司やクライアント等とのすり合わせが必要です。

粒度感の設定は、①で明らかにした目的・ゴールの内容をインプットしながら、例えばこれくらいの情報があれば判断ができる、示唆が出せる、という見込みをもとにまずは行いますが、ある程度仕事を進めながら粒度感を見定めていくという意識も重要です。ここで粒度感を悩みすぎても仕事は進みませんから、一旦定義したアウトプットで進めてみる、という柔軟性も必要です。

【具体例】

ケース：「競合の動向について調べて欲しい」という仕事があった時のアウトプット（成果物）の定義

「アウトプットのフォーマット」：参入予定市場の上位5社の企業リスト、その5

社の計数情報、その5社の中期経営計画の戦略方向性・注力施策、その5社の最大売上セグメントの製品・サービスの特長をエクセルで整理する
「アウトプットの粒度」：企業リストに掲載する情報＝各社の企業名・社員数・本社所在地・株主構成等の企業HPに記載されている企業情報レベルでOK、計数情報＝各社の5カ年の売上・利益・成長率、戦略方向性・注力施策＝各社の注力事業領域や将来の投資領域等の中計に記載されている情報レベルでOK

③アウトプットの創出に必要なアクションを明確化・整理する

作成するアウトプット（成果物）が明確になったら、具体的にどのようなアクションを行うかを明らかにします。アクションの明確化・整理では、「大枠の進め方の明確化」と「細かいアクションレベルでの洗い出し」の2つの視点から検討を進めます。

具体的には「細かいアクションレベルでの洗い出し」で実際にやる作業をイメージアップしながら、ある程度の細かいアクションをグループ化して作業のかたまりで整理しながら「大枠の進め方の明確化」を行うといった形になります。**「細かいアクシ**

ョンレベルでの洗い出し」ではなるべく細かくアクションをリストアップすることが重要です。

例えば、調査分析といった仕事ではどのソースから情報収集を行うかといった「ソースの選定」や「ソースの読み込み」もアクションとして挙げておきます。この後に実施スケジュールに落とし込んでいく際に、足りないアクションがあると正確にスケジュール化ができませんから、細かくアクションを規定するようにしましょう。「大枠の進め方の明確化」では、細かなアクションをグルーピングして大まかなステップ感を明らかにします。大まかなステップ感があると、マイルストンを置くことができるのと、大きな流れで欠けているものはないかの検証ができます。

例えば市場調査・分析の仕事であれば、細かいアクションレベルでやることはありつつも、大きく捉えると「情報の収集」「情報の加工・分析」「示唆の抽出」の3ステップから成っていて、それぞれ3日、2日、2日という大枠のマイルストンを決めていくことができます。またこのように大枠のステップを並べていくと、実は「資料への落とし込み」という大きなタスクが抜けていることにも気づくことができます。

【具体例】

ケース：「競合の動向について調べて欲しい」という仕事があった時のアクションの明確化・整理

「大枠の進め方の明確化」：情報の収集、情報の加工・分析、示唆の抽出、資料化

「細かいアクションレベルでの洗い出し」：情報収集＝情報収集方法の決定／ソースの選定／収集した情報を集約するフォーマットの作成／ソースの読み込み／フォーマットへの情報の集約、情報の加工・分析＝分析方法の決定／分析の実施／分析結果の集約／示唆の抽出＝目的の確認／示唆の洗い出し／提示すべき示唆の選定、資料化＝資料フォーマットの作成／ストーリーラインの作成／個別メッセージの作成／個別スライドの作成／資料の最終化

④各アクションの実施スケジュールを決定する

やるべきアクションが洗い出されたらそれを実際に取り組んでいく際のスケジュールに落とし込んでいきます。目的・ゴールで明らかにした「いつまでにアウトプットするか？」を最終地点に置いて、逆算でアクションの実施日や実施期間を決めていき

ます。その際に気を付けるポイントが、アクション間の依存関係です。例えばAというアクションが終わらないとBというアクションに取り掛かることができないはずなのに、AとBのアクションを並列にスケジュールしてしまうと、実際はBのアクションの開始が遅れるということになります。

単純な前後関係は比較的簡単に見分けがつきますが、アクションAで決めたことがアクションBで検討する内容に影響するといった相関関係は意識しないと見過ごすことがありますので、**基本的には各アクションはそれぞれ独立なものではないと思ってスケジューリングを検討することが重要です。**

【具体例】

ケース：「競合の動向について調べて欲しい」という仕事があった時の実施スケジュール

「**大枠の進め方の明確化**」：2週間後（10営業日）のクライアントMTGでの提出を前提として、情報の収集＝3日、情報の加工・分析＝3日、示唆の抽出＝2日、資料化＝2日

「**細かいアクションレベルでの洗い出し**」：前記期間内で適宜設定

⑤アクションに取り掛かる

ここまで来てようやく具体的に手を動かし始めます。作業設計だけでかなり時間が掛かってしまって頭でっかちなのではないか、と懸念される方もいると思いますが、特に正解のない仕事や複雑な問題を扱う場合は、合っている・合っていないにかかわらず、まず「どうやるのか？」を考えるプロセスは必須であると考えています。

もちろん手を動かしながらやってみる・進めてみるというやり方自体は否定しませんが、まずは手を動かしながらやってみる期間を設ける、ということも含めて作業設計であると理解することが重要です。このような作業設計を自分で考える経験を積み重ねることで、①〜④を1−2時間程度で整理して手を動かし始めることもできるようになります。まずは作業設計を考えることを癖づけるということにトライしてみてください。

このように実際のアクションに取り掛かる前に作業設計をきちんと自分の中で腹落ちさせることが重要です。頭の中だけで様々な作業を洗い出して整理しながら実行まで行うことは、作業の抜け漏れや進捗状況の取り違えを引き起こしかねません。単純な作業だとしても、どのように仕事を進めていくかをノートでもパソコンのメモ帳ツールでも良いのでなるべく言語化・可視化しておくことをお勧めします。前述の具体例で示したように各プロセスで定義したことや、洗い出したアクション、その実施スケジュールを明文化することで、作業開始後にアクションの組み替え、優先順位の入れ替え、スケジュールの調整が発生した際に検討が容易になります。

また自分が何をどのようにやろうとしているのかを上司と認識合わせをすることができるため、仕事を進めるうえで認識のズレが少なくなります。いきなり具体作業に取り掛からず作業設計＝「どうやるのか？」を丁寧に考えることが、結果として仕事の質・スピードの向上につながりますので意識して取り組んでみてください。

期待値マネジメントで、期待を知り、期待を超える

適切な仕事の進め方が理解できていても、実際に仕事を進めていくと、上司やクライアントが求めていたアウトプットが出せないということがあります。「上司やクライアントに評価されたい」「仕事ができると思われたい」といったことを思うがあまり、上司から言われるがままに過剰な量の仕事を受けたり、実現が難しいアウトプットや納期を約束してしまい、結果やりきれずに遅延や質の低下を招くといったケース

図表3-2 期待値マネジメントの3つのポイント

❶ 期待値の言語化

QCDの視点で現実的なゴールを設定する

"期待値はQ・C・Dから成る"

❷ 期待値の調整

進めながらすり合わせを行う

"期待値は可変"

❸ 期待値の超越

最も重要な部分を見極めて期待を超える

"注力するツボを押さえる"

はよくあることでしょう。

本来良かれと思って仕事を受けたのに、後々になって自分の首を絞めてしまうことで、上司やクライアントの信頼を損なっては元も子もありません。またチームで仕事を進めている場合、求められていたアウトプットを出せないことによって、〝アテ〟が外れて仕事全体・プロジェクト全体の遅延や質の低下を招くこともあります。

このような事態を防ぐために重要なのが上司やクライアントの期待を適切に理解してそれをもとにアウトプットや作業設計を行う「期待値マネジメント」という考え方です。仕事は「頑張っている」という姿勢やプロセスではなく、あくまで成果で評価されます。期待を上回れば良い評価が得られますし、期待を下回れば評価は下がります。上司やクライアントの期待を正しく把握しながら仕事を進めるための3つのポイントから「期待値マネジメント」について考えてみましょう。

(1) QCDの視点で現実的なゴール設定を行う（期待値の言語化）

仕事に対する期待値はQ・C・Dの3つの要素から成ります。QとはQuality＝アウトプットの品質の良し悪し、CはCost＝作業に掛かる時間が多いか・少ないか、DはDelivery（納期）＝アウトプットタイミングが早いか・遅いかということを指します。**これらの要素が組み合わさって上司やクライアントの期待は出来ています。**品質が期待に達していない、アウトプットタイミングが守られていない、という個別の要素の出来／不出来によって評価されることもありますが、例えば、いくら品質の高いものを作っても、不必要な残業をして作業に掛ける時間が多過ぎたことによって人件費が掛かってしまい、上司からの期待を下回るというように、3つの要素の組み合わせによって期待が形成されることもあります。

アウトプットタイミングが遅くなればなるほど高い品質を期待されてしまうということもその一例です。そうした時に重要になるのは、**Q・C・Dの3つの要素の中で上司やクライアントがどのようなバランス感で期待値を持っているのかを把握することです。**時間を掛けても良いから作り込んだ資料を持ってきてほしい、品質はそこまで求めないからとにかく早く形にしてほしい等、相手がその仕事において重視しているバランス感を把握します。

相手が望むQ・C・Dのバランス感が分かったら、次にその期待値に沿ったゴールを設定します。例えば「品質はそこまで求めない」といった時の「そこまで」とはどの程度のものなのか、「とにかく早く形にしてほしい」といった時の「とにかく早く」とはどれくらい早いタイミングなのか、を仕事の完了基準＝ゴールおよび仕事の期限として上司やクライアントと会話をしながら具体的に定めることが重要です。

そうすることで、無理なゴールや期限が設定されることを避け、現実的なアクションや実施スケジュールに落とし込むことができます。上司やクライアントからの依頼・オーダーを鵜呑みにせず、まずはこうしたQ・C・Dの視点から現実的なゴールや期限の設定を行うようにしましょう。

(2) 進めながらすり合わせを行う（期待値の調整）

現実的なゴールや期限が設定できたとしても、仕事を進めるうちに上司やクライアントの期待値からズレてしまうことがあります。実際に作業を進めていくと、最初に設定したゴール・期限を守ることの難しさに気付くことがあります。そうした時に無理にそのまま進めるのではなく**上司やクライアントと期待値のすり合わせを行うことが重要です。ここでもQ・C・Dの要素に従ってすり合わせを行うと良いでしょう。**

Q＝アウトプットの品質では、改めてゴールやアウトプットの粒度感を現実的に実行可能なレベルに落とすことを考えます。例えば競合分析において、デスクトップリサーチだけでは大した情報が得られないということが分かれば、デスクトップリサーチからのアウトプット粒度は多少粗くてもOKとして、別の調査方法を検討するように切り替えるといったすり合わせを行います。

C＝作業に掛かる時間では、作業をしてみてあまりにも時間が掛かることが見込まれれば、その進め方で良いのかを改めて上司やクライアントに相談をして別の作業方法の検討やそもそもその検討を劣後する等といったすり合わせを行います。

D＝アウトプットタイミングでは、その作業のアウトプットタイミングが遅れることが検知されたら納期の延長を打診したり、品質を落としても間に合わせるような調整が可能かを相談・すり合わせを行います。実現性のない仕事をそのまま進めるよりも、**自分が責任を持って仕事を進められるように上司やクライアントと会話をしながら期待値をすり合わせることは、自分の身を守るためにも、チームの仕事を滞らせないためにも重要なアクションです。**

(3) 最も重要な部分を見極めて期待を超える（期待値の超越）

ここまでは一つの仕事の中で期待値を把握して適宜すり合わせを行いながら進めていくことについて説明しました。一方で、上司やクライアントとの関係性の中で、継続的に自分に信頼を置いて仕事を任せてもらい続けるためには「期待値を超える」ということが重要になります。もちろん期待通りの働きやアウトプットをすることは大切ですが、上司やクライアントは「期待通り＝できて当たり前」というスタンスで期待という言葉を用いることが多いです。つまり、**期待通りとは最低限死守してほしいラインでしかなく、期待通りで仕事をし続けると常に信頼の当落線上にいる不安定な状態で、どこかで期待通りを下回ってしまうとその信頼を回復することは大変な作業になります。したがって、常に相手の期待を超えるつもりで仕事をしておくことが、長く信頼を得るために重要なのです。**

一方で、「期待を超える」といってもひたすら時間を掛けて頑張ることに意味はないと筆者は考えています。「期待を超える」ために重要なのは、上司やクライアントが最も重視している要素・部分で期待を上回ることです。(1)でQ・C・Dの要素に分解して相手の期待値を理解することを説明しましたが、まずはこのQ・C・Dのレイヤーで重視している要素を把握すること、そしてその中でさらに相手にとって重要な部分を確認し、そこに自分の時間と思考を注いでいくことが重要です。

例えば、市場調査の仕事において相手がD＝作業は1週間掛けていいから、Q＝「競合の最近の動向を詳しく知りたい」ということに重きを置いていたとします。「競合の最近の動向を詳しく知りたい」というだけでは相手が具体的に何を重視しているのか分かりません。例えば「競合企業を幅広くリストアップして各社の動向を広く浅く調べる」または「特に調べるべき2－3社に絞ってその動向を狭く深く調べる」の2つの真逆の期待が可能性として存在します。仮に前者を期待していたとすると、「自社に関係のありそうな競合企業をなるべく広く拾い上げる」ということが重要なポイントとなり、例えば自分たちのいる業界だけでなく隣接業界からの進出企業までリストアップすることが「期待を超える」ということになります。また、「広く浅く調べる」ということは、様々な競合企業の取り組みが情報として集まってくる訳ですから「それらの取り組みをカテゴライズしてアウトプットする」ということが「期待を超える」ということになるでしょう。

このように、「詳しく調べてほしい」といっても様々な期待の切り口・方向性があって、その具体的な期待の内容を理解したうえで、力を入れるべきポイントに絞った仕事を行うことが「期待を超える」ために求められるアクションです。

リスクマネジメントで自分の身を守る

仕事を進めていると、「このまま進めて大丈夫かな」「このままいくと時間オーバーになるのでは」といった不安を抱えながら作業を行っていることはないでしょうか。そしてそのまま仕事を進めた結果、やはり時間切れになってしまったり、実は別の作業を優先すべきだったというようなことが起きてしまったりして、上司やチームの仕事を増やしてしまうことはよくあると思います。

　ここでは、仕事を進めていくうえでいかにリスクを検知して取り返しのつかなくなる前にそのリスクに対処していくべきかという「リスクマネジメント」について説明したいと思います。「リスクマネジメント」と聞くと、一般的に管理職以上の人が配下メンバーの作業管理をするために用いられることが多いですが、**取り扱う問題が難化・複雑化する中ではいちチームメンバーの視点でも「リスクマネジメント」を取り入れることで、不要な手戻りを発生させずにスピーディーに仕事を進めていくことが重要です。**

　まず「リスク」という言葉について考えてみます。本書では、「リスク」とは「将来起こりうる問題」のことを指すと考えています。第2章で見た通り、「問題」とは理想的な状態と現状のギャップですので、「将来起こりうる問題」とは「将来の理想的な状態と将来なりうる状態のギャップ」となります。つまり、**本当は○○という状態になっていないといけないのに、このままいくと○○という状態にはならないと見込まれる状況を「リスクがある」と言います。**

　「リスクマネジメント」とは、そうした「リスク」＝「将来起こりうる問題」を①検

図表3-3 「リスクマネジメント」とは？

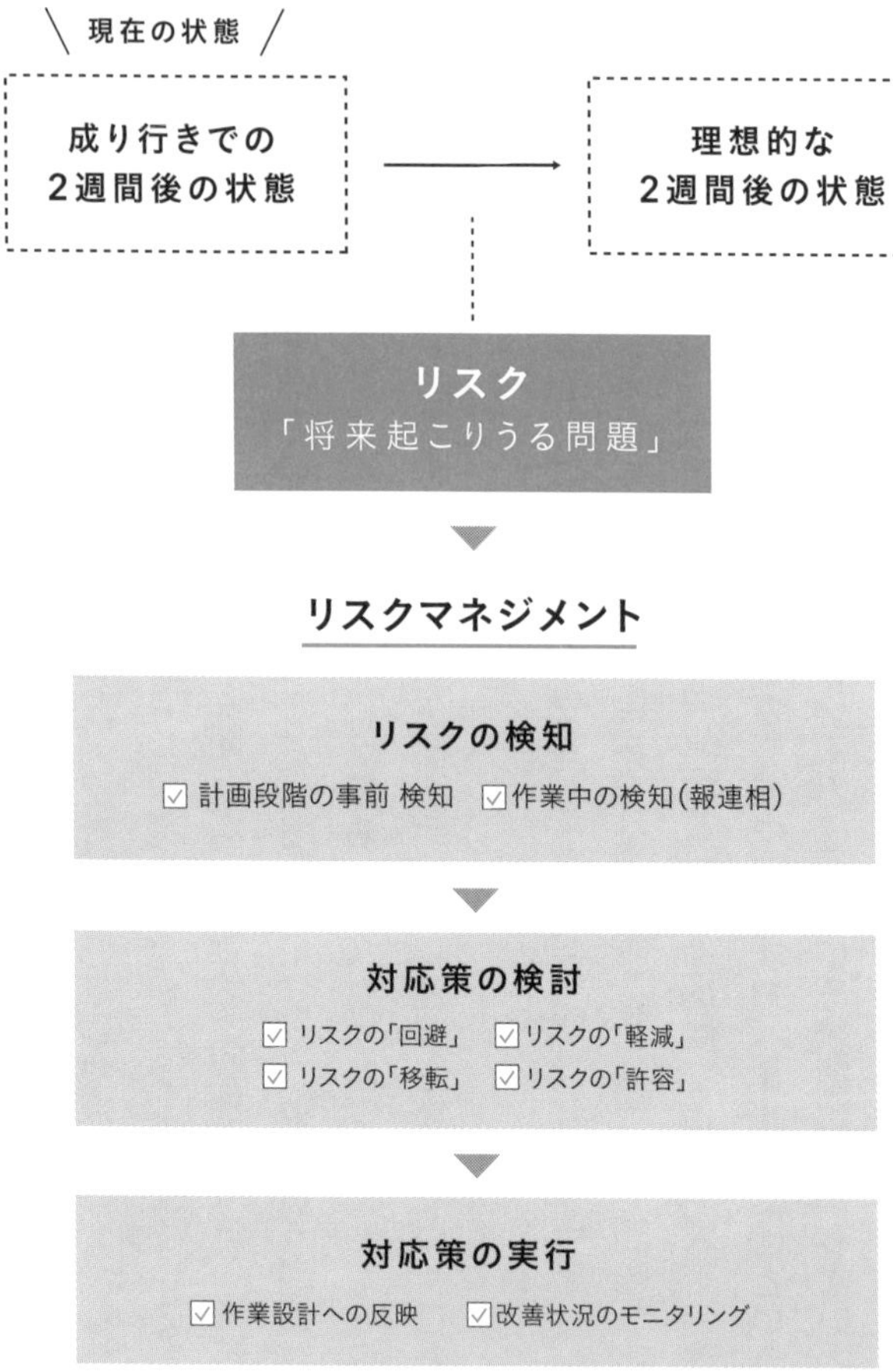

知し、②対応策を考えて、③実際に手を打つことの3つのアクションを指します。**この3つのアクションを通して、「リスク」を可視化・適切に対処することで、将来の理想的な状態に少しでも近づけることが「リスクマネジメント」の目的です。**それでは、この3つのアクションに沿って「リスクマネジメント」のポイントを見てみましょう。

①「リスク」を検知する

リスクの検知は大きく作業計画段階でのリスク検知と作業実行中でのリスク検知に分かれます。計画段階でのリスク検知とは作業設計をする際に事前にリスクを見込むことを指します。計画段階での「リスク」検知のポイントは、アクションの洗い出しや実施スケジュールへの落とし込みを検討する際に、本当にそのスケジュールで問題がないか、本当にそのアクションは実行可能なものかといったことを「批判的な目線で確認すること」です。一人では批判的な目線で確認することが難しい場合は、上司や先輩との議論を通じてその作業設計の妥当性を確認します。

ある程度自分に経験があって、設計したアクションやスケジュールを批判的に見る勘どころがある場合は計画段階でのリスク検知が可能ですが、初めて関わる仕事ややったことのないタスクに対しては初めからリスクを織り込むことは難しいのが実態です。

その場合は実行段階でのリスク検知を行う必要があります。**実行段階でのリスク検知のポイントは「報連相」に尽きます。仕事を進めていく中で少しでも違和感やこのまま進めたら危なさそうだなと思ったら、すぐに上司や先輩に一報入れることが重要です。**何でもかんでもリスクだと言って上司に連絡してしまうと、心配性であるとか、実は大したリスクではないのに余計なコミュニケーションで迷惑を掛けてしまうのではないかと思われるかもしれませんが、「大したリスクではない」かどうかは、リスクを挙げた後にそれを検証してから判断されるものです。

逆に「大したリスクではない」と思っていたものが重大なリスクをはらんでいた場合の方が問題は大きいですから、自分が気付いたリスクはすぐに報連相することが重要です。リスクとして挙げたことが実は大したリスクでは無かったとしても、最初に声を挙げないとその学びは得られませんから、**まずはリスク感度を高くして声を挙げていくことが大切です。**

②「リスク」の対応策の検討

「リスク」を検知したらその「リスク」に対してどのような手を打つべきかを考えます。「リスク」への対応策を考える際は、まずその「リスク」を「発生可能性（発生確率）」と「発生時の被害の大きさ（影響度）」で評価します。また「リスク」への対応策は「回避」「軽減」「移転」「許容」の4つに分類することができます。

その「リスク」の発生確率と影響度を鑑みて4つの対応策のいずれを取るかを決めるのが対応策の検討になります。4つの対応策を具体的に見ると次の通りです。

> **「リスクの回避」**：そのリスクがそもそも発生しないような対応策を検討することを指します。例えば、ある作業を行うとスケジュールが遅延する可能性が高い場合、そもそもその作業を行わないという対応策を取ることがリスクの回避になります。
>
> **「リスクの軽減」**：そのリスクの発生可能性を下げる、またはそのリスクが発生しても影響を小さくするような対応策を検討することを指します。例えば、ある作業を行うとスケジュールが遅延する可能性が高い場合、代替作業を提案・実施す

図表3-4 **発生した「リスク」の評価と取るべき対応策の関係性**

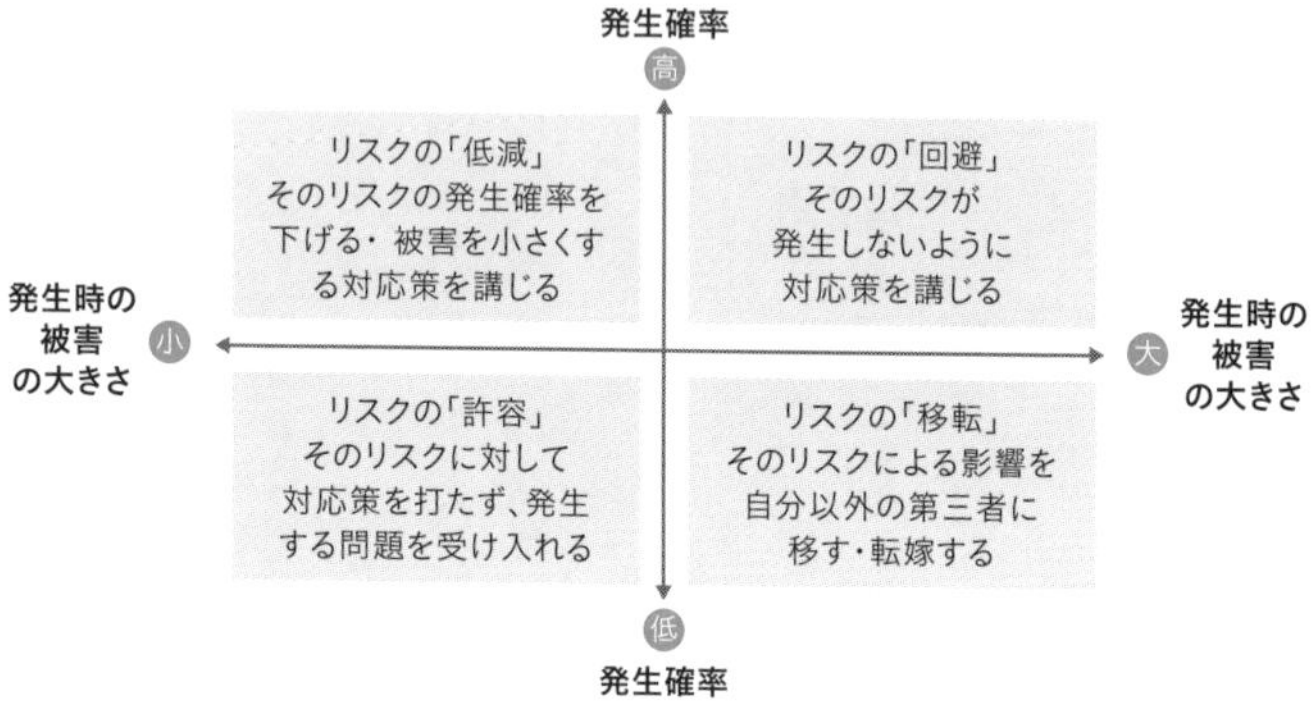
発生確率
高
リスクの「低減」
そのリスクの発生確率を下げる・被害を小さくする対応策を講じる
リスクの「回避」
そのリスクが発生しないように対応策を講じる
発生時の被害の大きさ
小
大
発生時の被害の大きさ
リスクの「許容」
そのリスクに対して対応策を打たず、発生する問題を受け入れる
リスクの「移転」
そのリスクによる影響を自分以外の第三者に移す・転嫁する
低
発生確率

ることでスケジュール遅延の可能性を引き下げることがリスクの軽減になります。

「リスクの移転」：そのリスクを自分以外の関係者に移転するような対応策を検討することを指します。例えば、ある作業を行うとスケジュールが遅延する可能性が高い場合、上司に納期を伸ばしてもらったり、チームメンバーに他の仕事を調整してもらい手助けしてもらったりする等、スケジュールの遅延リスクを上司やチームメンバーでカバーしてもらうことがリスクの移転になります。

「リスクの許容」：そのリスクに対して何も対応策を打たずに、発生する問題を受け入れたうえで仕事を進めることを指します。発生確率が低く、影響度も小さいリスクについては、リスクを許容する静観のスタンスを取る場合があります。

③「リスク」への対応策を実行する

「リスク」への対応策を明らかにしたら、それを実行に移します。計画段階においては、アクションリストや実施スケジュールをアップデートして作業設計への反映を行います。実行段階においては、対応策を実行しながら、実際に「リスク」が発生していないか、仕事に大きな影響を及ぼしていないかをモニタリングしていきます。仕事は様々な「リスク」の連続で進んでいきますから、一つのリスクを回避できても、その仕事が完遂するまでは安心することなく仕事を進めていくことが重要です。

このように**「リスクマネジメント」を日々の仕事の中でも意識して取り入れることで、「先を見据えた行動ができる」ことにつながります。**「失敗は成功のもと」とよく言われますが、防げるはずのミスや問題等の不要な失敗は避けるに越したことはありません。難しい仕事や複雑な問題に挑むからこそ、「備えあれば憂いなし」という視点で自信を持って仕事を進めていくことが重要ではないでしょうか。

第2節 ドキュメンテーション編

きれいな図解より、きれいな言語化

複雑で抽象的な問題に対応していくためには、自分が考えたことや言いたいことを自分が意図した通りに相手に伝えて理解・行動してもらうことが重要です。相手に伝える方法としては「口頭」と「文書」の二つがありますが、特に複雑で抽象的な問題においては、口頭に頼るのではなく明確に文書化をしてコミュニケーションを行うことが正しく・スピーディーに仕事を進めるうえで大切です。また文書にも「言語」と「図解」の二つの表現方法があります。

図解を用いると、様々な要素が絡み合った複雑な事象を紐解いたり、イメージとして思考を伝えたりする場面では非常に強力な表現方法になりますが、ともすると図解に頼ってしまって〝何となく〟で相手との認識が合ってしまうというリスクもあります。また自分が伝えたいメッセージは必ず「言語」で伝えられるものですので、まず

は文書化=ドキュメンテーションにおける「言語」の重要性と日本語力を高めるためのポイントについて説明したいと思います。

ドキュメンテーションにおける言語化の力=日本語力は、大きく①語彙力、②文法力の二つに分けることができます。まずは①語彙力について考えてみます。

①語彙力

語彙力はさらに「知っている言葉の数」と「知っている言葉から的確な言葉選びができる」という二つの要素に分解することができます。

「知っている言葉の数」は、どれだけビジネス用語や業界の専門用語に触れる経験があるか/つくれるか、に大きく依存します。ニュース、経済誌、業界の専門誌を読むことの意味は、内容理解もさることながら、ビジネスにおいて使われる言語・用語を自分の頭の引き出しに入れていくことにもあります。自分にない語彙をアウトプットすることはできませんから、日頃からニュースや経済誌を読む際にもビジネス特有の言葉の使い方や用語を意識すると良いでしょう。

一方で「知っている言葉の数」は知っている・知らないという経験量や勉強量によるので、**語彙力においてより重要なのは「知っている言葉から的確な言葉選びができ**

る」ことです。言葉をたくさん知っていたとしても、会話や文章において適切に言葉を選んで使いこなせることが正しい語彙力のある姿です。**的確な言葉選びのためには、⑴言葉の持つ「中心的な意味」を意識すること、⑵言葉が持つ「強弱」を意識することの2点が重要だと筆者は考えています。**

⑴では、例えば「業務を新しくする」という言葉を考えてみます。「新しくする」という言葉だけでは、「既存の業務を別の形として改める」のか「今までにない新しい業務を構築する」のかが判然としません。もし「既存の業務を別の形として改める」ということを意図していたのであれば、「業務を一新する」や「業務を再構築する」といった表現が適切です。「新しくする」という解釈の広い言葉をそのまま使うのではなく、自分の意図した「中心的な意味」は何かを考えたうえで言葉を選ぶことが重要です。

また⑵では、例えば「改善」と「是正」という言葉では、「何か悪い状態をより良い状態にする」といった同じような意味を持っていても受け手の印象は変わってきます。「改善」には「善」という言葉が含まれていることから「前向きに改めていく」印象がありますが、「是正」には「正」という言葉が含まれていることから「間違いがあることを前提にそれを正す」というメッセージ性があります。つまり、同じ改善対象について話していたとしても、「是正」の方が今を否定されている感覚として受け手に捉えられる可能性があるということです。どちらの言葉が良い／悪いということではなく、相手の頭の中の状況や自分が伝えたいことの強度に合わせてこうした言葉の強弱の観点を持っておくと言葉選びをより的確に行うことができます。

これらのポイントを押さえた言葉選びができるようになるためには、自分で辞書を調べたり、類語に当たったりすることが重要です。自分が思いついた言葉だけで突破しようとせず、他に近しい言葉がないかを確認して、より適切な言葉を選び取っていくことが訓練になります。

例えば、「認識に齟齬がある」といった時の類語として「認識に行き違いがある」「認識が一致していない」「認識を合わせる必要がある」等、様々な表現を調べることで、目の前の状況や相手のリテラシー・感情に合わせて、自分が最も伝えたいメッセージに合わせた言葉を選択することができます。こんなの言葉遊びじゃないか、と思っている人ほど、自分の意図した考えが伝わっていないことも多いです。自分が持っている言葉に満足せず、様々な表現に触れるように意識していきましょう。

②文法力

次に②文法力について考えてみます。文法力は「骨格・主述コントロール」と「接続関係」から成ります。その中で、**文法力を磨くポイントは⑴文章の骨格を見返すこと、⑵主語・目的語は具体的にはっきりさせること、⑶文章のつながりは接続詞を使って明確に関係づけることの3点です。**

例えば「A事業はP社の売上の60%を占める主力事業で、今後5年間の売上高伸び率は5%以上となることが予想されており、引き続き成長を牽引することを期待している」という文章を考えてみましょう。⑴の文章の骨格という視点から、この文章を主語と述語のみにすると、「A事業は〜期待している」となります。期待するのは事業ではなく人ですから、文章の骨格の時点で誤りということが分かります。これは「主述のねじれ」とも言われる現象で、内容の理解に時間が掛かったり、正確に内容を理解したりすることが難しくなります。簡単な文章では自分で容易に気付くことができますが、複雑で抽象的な文章を扱う際には気付かないうちに文章の骨格が失われてしまうことがあります。

また⑵目的語の明確化という視点から先ほどの文章を眺めると、「成長」という言

図表3-5 日本語力を磨く

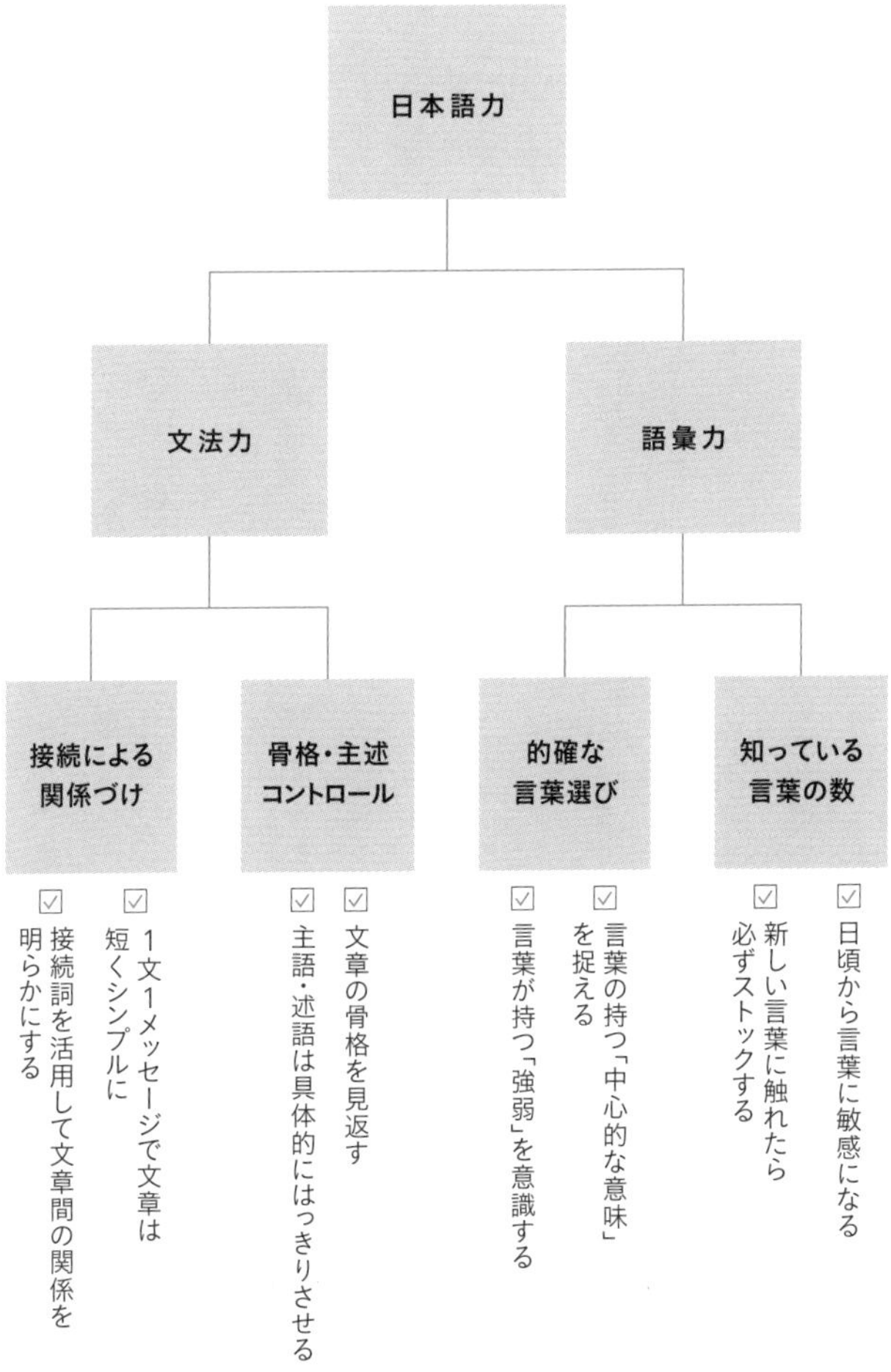
日本語力
文法力
語彙力
接続による関係づけ
骨格・主述コントロール
的確な言葉選び
知っている言葉の数
☑ 1文1メッセージで文章は短くシンプルに
☑ 接続詞を活用して文章間の関係を明らかにする
☑ 文章の骨格を見返す
☑ 主語・述語は具体的にはっきりさせる
☑ 言葉の持つ「中心的な意味」を捉える
☑ 言葉が持つ「強弱」を意識する
☑ 日頃から言葉に敏感になる
☑ 新しい言葉に触れたら必ずストックする

葉が何の成長を指しているのかが分かりません。⑶文章のつながりという視点で見ると、「～で、～ており」のように特に意味を持たせずに文章をつなぐ言葉が使われていて、文章間の関係性が分かりづらくなっています。これらのポイントをもとに先の文章を修正すると「A事業はP社の売上の60％を占める主力事業である。またA事業の今後5年間の売上高伸び率は5％以上となることが予想されている。このことからA事業が引き続きP社の成長を牽引することをP社の経営層は期待している」となります。この例のように、正しい文章を書くためには、主語は何か？　述語は何か？　と文章を読み直して確認することや、一文一メッセージを意識して文章を短くシンプルにすること、接続詞を活用して短い文章間でも関係性を明らかにすることが有効です。

自分の考えたことや意図していることを正しく相手に伝えるために、日本語力は欠かせません。母国語だからこそ普段は意識していない日本語の使い方が、ビジネスの重要な局面で悪影響を及ぼしている可能性があることを認識しておく必要があります。**「この文章で本当に相手に伝わるか？」「この言葉で自分の意図したことが表現されているか？」ということを自問自答しながらドキュメンテーションを行うことが重要です。**取り扱う問題が複雑で抽象的であるほど、正しい日本語を使いこなすことの重要性は増します。きれいな図解や安易な言葉に逃げずに日本語に向き合うことを意識するようにしましょう。

「レポート」「インサイト」「プロポーザル」を区別して脱〝作業者〟に

言語化する力＝日本語力の重要性を理解したら、次は若手のビジネスパーソンにとって主な作業である資料作成について、そのアウトプットの出し方や資料作成の進め方において意識すべきことを説明していきます。自分が調べたことや考えたことを目に見える資料や書類にきっちりと落とし込んでこそ、仕事を前に進めることができる場面が多いですから、**雑務に捉えられがちな資料作成も仕事のコアの部分を担っているという意識を持つことが重要です**。本書ではパワーポイントやエクセルなどを活用したドキュメンテーションのテクニック論ではなく、思考・検討した成果を資料に落とし込む際に気を付けるべきことについて説明していきたいと思います。

一つ目のポイントは「レポート」「インサイト」「プロポーザル」を区別したアウトプットを行うことです。「レポート」とは調べたことやデータ分析結果といった「事実」をそのまま伝えること、「インサイト」とは調べたことやデータ分析結果といった「事実」から言える自分なりの「解釈」を伝えること、「プロポーザル」とは自分

図表3-6　アウトプットの基本：「レポート」「インサイト」「プロポーザル」

付加価値
低
（誰でも言える）

↓

付加価値
高
（その人にしか言えない）

レポート

調べたことやデータ分析結果といった「事実」をそのまま伝えること

インサイト

調べたことやデータ分析結果といった「事実」から言える自分なりの「解釈」を伝えること

プロポーザル

自分なりの「解釈」を踏まえて相手に対して「意思決定やアクションを取ってもらうための内容」を伝えること

なりの「解釈」を踏まえて相手に対して「意思決定やアクションを取ってもらうための内容」を伝えることとです。

第2章の問題解決のパートで説明した「空・雨・傘」に照らすと、「空」だけを伝えることが「レポート」で、「雨」を伝えることが「インサイト」、「傘」を伝えることが「プロポーザル」になります。こうした「レポート」「インサイト」「プロポーザル」の違いは頭では分かっていても、いざ資料に落とし込んだり、上司と議論をしてみると3つの要素が区別されずに混ざってアウトプットされたり、「レポート」で止まってしまったりすることが多いので注意が必要です。では「レポート」「インサイト」「プロポーザル」の区別を理解したうえでアウトプットする際のポイントを次の3点から見てみたいと思います。

①「インサイト」「プロポーザル」に意思を込め、〝作業者〟にならない

よくあるのが「○○だと分かりました」でアウトプットを止めてしまう仕事の仕方です。仕事は人や物事を動かすことがゴールですから、「○○だと分かりました」というアウトプットだけでは不十分です。

少なくとも「○○だと分かったので△△だと考えられる」といった「インサイト」

や、「○○だと分かったので△△だと考えられるとすると□□すべきだ」という「プロポーザル」まで含めてアウトプットすることが望ましい姿勢です。「○○について調べておいて」「○○の状況はどうなっている?」と上司から言われることがあると思いますが、事実や状況を並べて「レポート」を出しているだけだと〝作業者〟になってしまいます。

「調べたことから自分はこう思う」や「状況的にこういうことをした方が良い」という「インサイト」「プロポーザル」にまで踏み込むことで、脱〝作業者〟になります。コツとしては、「レポート」を並べた後に「それで?」と自問自答することです。「○○だと分かった」で止めずに、「それで何が言えるのか?」「それでどうするといいのか?」ということを、資料を作成する前やアウトプットを提出する前に自分に問いかけます。

上司やクライアントから明確に指示がなくとも、自ら考えを巡らせてプラスアルファの「インサイト」や「プロポーザル」を資料に取り入れることで信頼の獲得につながります。

②人の価値観・印象に依存する表現は避け、〝共通認識〟を醸成する

「レポート」として事実を伝える場合や、「インサイト」「プロポーザル」で特定の事象に対する示唆を伝える場合、「良い」「悪い」「素晴らしい」「つまらない」といった形容表現や「かなり」「わずかに」といった程度を表す副詞表現を単独で用いることは避けるべきです。

これらの表現は出し手と受け手で内容に対して持つ印象が異なる状況を生み、認識齟齬や誤った理解につながるリスクがあります。これらの表現を用いる際には**具体的な数字や比較対象等を併せて示すことで、出し手と受け手の認識を合わせることが重要です。**

次の例で見てみましょう。

×「今期の売上が悪い」

⇩

○「今期の売上は前期より低い」「今期の売上は過去5年平均より10%低い」

×「業務効率化によって残業がかなり減った」

⇩

○「業務効率化によって残業時間が先月より12時間減った」「業務効率化によって10時間以上の残業者が先月より3人減った」

×「この新商品はきっと売れる」

⇩

○「この新商品の購買意向者は90％である」「この新商品の市場シェアは42％を見込んでいる」

口頭のコミュニケーションではその場で補足説明ができますが、ドキュメントによるコミュニケーションでは丁寧な言語化や表現を意識しないと、要らぬ議論や不毛な討議に発展してしまい、本質的な検討の時間を圧迫することにつながりかねません。

自分が意図したことを相手に「共通認識」として持ってもらうためには、前述のような**人によって受け取られ方に差が出てしまうような表現は極力避け、具体的に何が「悪い」のか、何をもって「かなり」と言っているのか等を明示してアウトプットす**

ることが大切です。

③文末表現をコントロールして、〝意図〟を伝える

最後にドキュメンテーションで「レポート」「インサイト」「プロポーザル」を明確に書き分けて相手に伝えるためのポイントとして、文末表現について説明したいと思います。**客観的な情報を伝える「レポート」、主観的な内容を伝える「インサイト」、相手の行動を促す「プロポーザル」は、文末表現を意識すると明確に自分の意図を伝えることができます。**

「レポート」で伝えることは誰が見ても同じ解釈をすることができる事実ですから、「○○である」「○○となっている」等の確定的な表現が適切です。一方で「インサイト」は自分の意見や主張といった主観的な情報ですから、「○○と考えられる」「○○の可能性が高い」といった推論・予測や主語が自分になる言葉が文末表現に現れます。また「プロポーザル」は相手の意思決定やアクションを促すための表現ですから、「○○すべきである」「○○しなければならない」というべき論の表現になります。

例えば、「A事業の今期売上は前期比95％の200億円で来期以降も売上は減少す

るから新たな取引先を開拓する」という文章を考えてみます。このままでは、「今期売上200億円」や「来期以降も売上は減少する」が確定的な情報なのか予測なのか分からないですし、「取引先を開拓する」というのもただの意思表明なのか、問題提起なのかが分かりにくい文章です。

これを「レポート」「インサイト」「プロポーザル」の文末表現で書き直してみると、「A事業の今期売上は前期比95％の200億円になると予測されている。来期以降も売上は減少するリスクに備えて新たな取引先を開拓していくべきだ」ということになります。このように、同じ情報でも文末表現を変えることで「レポート」「インサイト」「プロポーザル」を明確に意図した情報伝達ができるようになります。

このように、「レポート」「インサイト」「プロポーザル」を意識してドキュメンテーションを行うと、不毛な内容の取り違えや認識齟齬を防ぐだけでなく、自分の思考を整理しながらアウトプットすることができます。自分が考えたことを適切な日本語を使って、「レポート」「インサイト」「プロポーザル」の区別をしっかりと行ったうえで、人や仕事を動かすためのメッセージを編み出し、ドキュメントに落とし込んでいくことが、新時代のビジネスプロフェッショナルには求められます。

きれいな図解や資料の見せ方のテクニックに踊らされることなく、仕事の本来のゴ

ールに資するドキュメンテーションができるように意識して取り組んでみましょう。

第3のスキル　まとめ

- 正解のない複雑な仕事であるほど、「どう進めるのか？」といった事前の作業設計が重要になる。上司から細かく作業指示を受けずとも、自分で作業設計を考え、仕事を自走できることは、周囲から信頼を得るための重要な第一歩となる。
- 仕事には相手が付き物であるため、相手が考える「期待値」を適切に把握し、状況に応じて柔軟に「期待値」を調整し、最も重要なポイントで「期待値」を超えることが重要。
- 正解のない複雑な仕事においてリスク感度は高いに越したことはない。確度高く仕事のゴールにたどり着くためには、作業前・作業中にかかかわらず適切なリスク検知と対応策の検討・実行が不可欠。
- 複雑な仕事を前に進めるために、ドキュメンテーション（資料作成）は欠かすことができない作業の一つである。図解テクニックを学ぶことも重要であるが、自分が意図したことを適切に相手に伝える「日本語力」を磨き、「レポート」「インサイト」「プロポーザル」の区別を意識したメッセージを編み出せる力をつけることが重要。

第
4
のスキル

伝達力

「準備」と「対話」で価値を創り出す

第4章では、自分が考えたこと・作業したことや作成した資料を上司やクライアント等の相手に伝えるための「伝達力」について説明します。

本書では会議でのコミュニケーションを前提として、その準備段階で気を付けるべきことを解説する「会議設計」と、実際に会議の場でコミュニケーションを行う際に気を付けるべきことを解説する「プレゼン・ディスカッション」に分けて説明を進めていきます。第3章と同様に、プレゼンテーションやファシリテーションのテクニックについては様々な解説本があるのでそちらに譲ることとし、本書ではテクニックの前提として**会議のあり方をどう捉えるべきかや、上司・クライアント等に対して自身の作業結果や思考結果をどのように伝えるべきかという考え方を主に説明したいと思います。**

良い会議は「準備」がすべて

仕事を進めるうえで会議やミーティング等のコミュニケーションの場を設定して議論や意思決定を行うことは必要不可欠です。一方で、どんな議題であってもただ会議を開くだけ、ただ会議に参加してプレゼンするだけでは時間を浪費するだけの無駄な会議になりかねません。特に議題が複雑で抽象的な内容の場合、会議やミーティング

図表4-1 会議設計の3つの要素

「目的」

その会議をなぜ開くのか、
何を目指してその会議を行うのかを
明らかにする

ex. ①意思決定のための会議、②報告・情報共有のための会議、③議論のための会議

「ゴール」

その会議を行った結果、
どのような状態になっているべきか
を明らかにする

ex. A事業の提供価値の洗い出しが完了していること
（A事業の提供価値が明らかになっていること）

「アジェンダ」

その会議で
議論する
具体的な議題や進行順序

ex. ①A事業の提供価値案の共有、②提供価値アイデアの追加議論、③提供価値間の整合性の確認、④ラップアップ（決定事項の確認、今後のスケジュールの確認）

は事前に適切に設計する必要があります。**会議設計は「目的」「ゴール」「アジェンダ」を設定することから成ります。**

会議の「目的」の設定では、その会議をなぜ開くのか、何を目指してその会議を行うのかを明らかにします。

会議の「ゴール」の設定では、その会議を行った結果、どのような状態になっているべきかを明らかにします。

会議の「アジェンダ」の設定では、その会議で議論する具体的な議題やその進行順を明らかにします。

「目的」と「ゴール」については、会議全体の「目的」と「ゴール」として設定するのに加えて「アジェンダ」ごとに設定するケースも多いです。まずは会議設計の3つの要素から、どのような会議設計にしたいか、あるいは自分が受け持つアジェンダをどのように設計するかを明確にすることが重要です。

会議の目的

まずは会議の「目的」について説明します。**会議の「目的」は、①意思決定のための会議、②報告・情報共有のための会議、③議論・ディスカッションのための会議の**

3つのパターンに分けることができます。まずは開催する会議や自分が受け持つアジェンダの「目的」としてこれらの3つのパターンのいずれに合致するかを明確にします。それぞれの会議の特徴は次の通りです。

①**意思決定のための会議**：特定の検討事項に対する方向性や方針の最終決定を行います。意思決定や判断のための材料を提示したり、意思決定のプロセスを明確にしたりしながら、意思決定者や判断者がジャッジを下します（経営会議、プロジェクトのステアリングコミッティ等）。

②**報告・情報共有のための会議**：仕事の進捗状況の報告や決定事項の連絡・共有等を行います。関係者間で必要な情報を集約して共通認識を持つためや、チームの現状を確認し合うための会議です（プロジェクト報告会議、定例会議、朝会等）。

③**議論のための会議**：特定の検討事項について、上司・クライアントやチームメンバー等の他の人の意見を聞き、作業内容や仕事の進め方の方向付け・修正・精緻化を行います。①②の会議とは異なり、会議の着地点を明確化しづらいため、この後に説明する「ゴール」の設定が重要となる会議です（作戦会議、検討会議、ブレインストーミング会議等）。

注意点は一つの会議やアジェンダを進める中で①②③が混ざってしまうことがあるということです。

例えば、プロジェクトの定例会議として②報告・情報共有を目的としたアジェンダの中で、情報共有を受ける中で特定の問題が認識されることがあります。そのままなし崩し的にその問題に対する対処方法を議論する③に目的がすり替わってしまうと、その会議で消化しないといけないアジェンダまで行きつかない可能性があります。

その場合は、まずはアジェンダと目的を再認識してひとまず問題認識までにとどめておき、問題への対処方法の議論は時間が余ったら行う、または別途時間を取って議論する、といった目的ドリブンでの会議運営が求められます。ただし、その問題をクリアにしないと次のアジェンダの議論が進まない場合は、その問題の議論を先に行うという臨機応変な対応が必要になることもあります。いずれにせよ、想定問答も含めて会議設計を事前に丁寧に行っていれば対応できるものですから、会議全体あるいは各アジェンダの「目的」は明確にしておくことが重要です。

会議のゴール

次に会議の「ゴール」について考えてみたいと思います。「目的」が設定されたら、その会議やアジェンダが終わったら具体的にどのような状態になっているべきかという「ゴール」を検討します。「目的」があっても「ゴール」がないと延々と会議が続いてしまうことになります。①意思決定のための会議や②報告・情報共有のための会議は「目的」と「ゴール」が一致することが多い（ex.①の会議のゴール：承認してほしい事項が承認されること）ので、ここでは③議論・ディスカッションのための会議における良い「ゴール」について説明します。

ゴール達成時の状態が具体的に定義されている――良い「ゴール」の要件(1)

例えば、ある会議のゴールを「A事業の提供価値が明らかになっていること」とするのと、「A事業の提供価値の洗い出しが完了していること」とするのでは、後者の方がより具体的なゴール設定がされているので良い「ゴール」です。「明らかにする」だけでは、どこまでやれば良いのかが明確に分からない状態でしたが、提供価値の洗い出しを完了させるというゴール設定にすると、会議参加者の誰が見ても会議の達成基準が明らかです。

またさらに明確にゴール設定をする場合、〝完了〟という言葉に段階的な意味を持たせて、「A事業の提供価値リストの初期仮説を作成する」とすることもできます。

次回の会議までに提供価値リストの精緻化を行うことを前提に、まずは初期仮説を作成することをその会議のゴールとすることで、どの程度の完成度を目指して議論するのかということを明確にすることができます。このように「ゴール」の設定においては、**なるべく具体的に会議終了時の状態を定義することが重要です。**

死守したいゴールと理想的なゴールを設定して幅を持たせる
——良い「ゴール」の要件(2)

③議論・ディスカッションのための会議では、作業内容や仕事の進め方について他の人の意見やアドバイスを集めながら、より良い検討結果に昇華していくことが目的でした。したがって、**その会議の結果、最低限これだけは達成しないと次の作業につながらないという死守したいゴールと、ここまで達成できればベストという理想的なゴールで、幅を持ったゴールを想定できると良い「ゴール」設定になります。**

例えば、理想的なゴールとして「ユーザーテストのペルソナの合意と実施スケジュールの確定」があった時に、最低限ペルソナの合意だけはしておく必要があれば死守したいゴールとして「ユーザーテストのペルソナの合意」と設定します。ゴールに幅感を持たせておくことで、「これだけは議論しておかないと」という議論の優先度や注力点が明確になるという効果もあるので、理想のゴールと死守したいゴールを区別したゴールを想定することが重要です。

会議のアジェンダ

最後に「アジェンダ」について説明します。「アジェンダ」とはその会議で議論する具体的な議題やその進行順を明らかにしたものです。会議の「目的」と「ゴール」を達成するために、「アジェンダ」として何を議論・検討するかを整理します。「アジェンダ」を消化していくことで「目的」や「ゴール」が達成されますから、**「アジェンダ」においても、「ゴール」と同様に議論する内容を具体的に示すことが重要です。**例えば「プロジェクトスケジュールについて」だけでは具体的に何を議論するのかが分かりません。「プロジェクトスケジュールの遅延リスクの確認と対応について」といったように議論したいポイントの明確化が「アジェンダ」に求められます。

そうすることで、自分自身や会議参加者にとって、この会議では何を議論するのか、その議論の結果、会議の「目的」や「ゴール」が達成できるのかを理解することができます。また、アジェンダの最後には、ラップアップとして会議の決定事項と今後のスケジュールを確認することも重要です。会議は1回で終わりではなく、積み重ねていくことで仕事が進んでいくことが大半ですから、必ず次に向けたアクションの整理を行うようにしましょう。

以上、会議設計の3要素である「目的」「ゴール」「アジェンダ」について説明してきました。これらの要素はオフィシャルな会議だけでなく社内会議や個別の議論・検討会議等においても意識・活用することで、仕事の質とスピードが格段に上がるものと筆者は考えています。どのような会議でもこの3つの要素を明確にしての準備を心掛けるようにしましょう。

ビジネスコミュニケーションの3つの型

会議設計ができたら、会議やミーティングの場で上司やクライアント等に対してコミュニケーションを行う段階に移ります。ここではコミュニケーションのパターンについて触れたうえで、それぞれのパターンにおけるポイントについて説明したいと思います。

まずコミュニケーションの型について説明します。ビジネスにおけるコミュニケーション＝相手に何かを伝える行為には、置かれている状況や説明する内容に応じて、大きく次の3つのパターンに分けることができます。よく「結論から話せ」と言われ

図表4-2　ビジネスコミュニケーションの3つの型

1

自分が用意した資料や内容を説明する（プレゼンテーション）

☑ 全体から部分へと話を進めること
☑ 特に伝えたいこと・議論したいことを強調すること

2

相手からの質問・意見に答える（リプライ）

☑ 結論から話すこと
☑ 前提を共有すること

3

状況説明や事実説明をする（レポーティング）

☑ 相手の知識レベルを測る・合わせること
☑ 時系列で説明すること（が有効なことが多い）

ることがありますが、これは必ずしもすべてのビジネスコミュニケーションに当てはまるものではありません。

相手に情報を正しく伝えるためにはこれらのコミュニケーションのパターンを理解して話し方や話す順番を使い分けることが重要です。

①自分の用意した資料や内容を説明する（プレゼンテーション）

事前に用意したアウトプットを上司やクライアントに説明するという場面におけるコミュニケーションです。いわゆるプレゼンテーションとも呼ばれますが、**ここで意識したいポイントは、⑴全体から部分へと話を進めること、⑵特に伝えたいこと・議論したいことを強調することの2点です。**

⑴では、これから説明する内容の全体像や概要を伝えたうえで具体的な内容の説明に入っていくという手法（ホールパート法）を活用します。初めから用意した資料の個別具体的なアジェンダを淡々と説明していくのではなく、相手にこれから何を話すのかを概説したうえで説明に入る技法です。またホールパート法での説明はパワーポイントの1枚1枚のスライドや一つのエクセルシートの説明においても活用することができます。このスライドは何をまとめたものなのか、このエクセルシートは何を整

理したものなのかという概要・全体像を冒頭で説明することで、聞き手にとってその後の具体的な内容が理解されやすくなります。

また⑵については、⑴で全体感を説明する際に、「特にこの点について議論したい、意見を伺いたい」といった内容を強調して伝えることが重要です。そうすることで、相手にとって説明される内容に対してどのような視点や立場で聞けば良いかが分かりますので、その後の議論がより効果的かつ効率的になります。

②相手からの質問・意見に答える（リプライ）

議論している内容について他の人から質問をされたり、意見を求められたりした際に返答するという場面におけるコミュニケーションです。**ここで意識したいポイントは、⑴結論から話すこと、⑵前提を共有することの2点です。**

⑴では、相手から問われたことに対して、「Ｙｅｓ／Ｎｏ」あるいは「○○だと思う」という結論から始めて、その理由と理由の裏付けを述べていくというＰＲＥＰ法（Point：結論→Reason：理由→Example：理由の裏付け→Point：結論）でのコミュニケーションが有効です。ただし結論や理由が正しく述べられていても、そもそもの議論の前提が食い違っていると、コミュニケーションした内容が意味のないものになって

しまうので、特に複雑で抽象的な議論において意見を述べる際には(2)の前提を共有することが重要です。

③状況説明や事実説明をする（レポーティング）

トラブルや問題が発生した際に、その内容を他の人に伝えるという場面におけるコミュニケーションです。身の回りで起きていることや事実を間違いなく報告したり、状況を理解してもらうためのコミュニケーションであるため、**結論から話すのではなく、相手の知識レベルに合わせて時系列的にコミュニケーションすることが有効なケースが多いです**（時系列法）。

例えば、「新商品のユーザーテストの件、先ほど確認したところ調査会社の進捗が遅れていてその原因は分かりませんでした。先週調査対象ユーザーの確保が遅れているという連絡を受けていましたが、明日再度調査会社に出向いて確認をします」という説明の仕方について考えてみます。

この文章を口頭で聞くと、何か問題が起きていることは分かりますが、起きたことの順番がバラバラで正しく経緯を理解することが難しいでしょう。これを時系列法に直すと、「新商品のユーザーテストの件、先週、調査会社から調査対象ユーザーの確保が遅れているという連絡を受けました。先ほど改めて確認したところまだ遅れておりその原因は分からないということです。明日、再度調査会社に出向いて確認します」となります。先週の問題発生時から何が起きているのかが理解しやすくなったと思います。このように、結論から話すこととは真逆の時系列で物事を説明することも、状況によっては有効なコミュニケーション方法となります。

結論から話すべきか、具体的な説明から話すべきかについては、説明する内容に対する相手のリテラシー状況によります。例えば①のパターンで新規取引先への商談のプレゼンテーションケースを考えてみます。

冒頭でいきなり「弊社のソリューションが有効です！」という結論から話すのは得策ではないでしょう。「御社の課題は○○だと認識しています」「そのためには○○に取り組む必要があります」「弊社ではそのご支援ができます」という説明の流れが受け入れられやすいと思います。つまり、弊社のソリューションについて初めて話を聞くという相手に対しては結論から説明すべきではないということになります。

このようにコミュニケーションのパターンを押さえてその場の状況に応じた適切なコミュニケーションを使い分けることが肝心です。何でもかんでも結論から話す、とりあえずポイントは3つですと言ってしまうような姿勢は、新時代のビジネスプロフエッショナルとしては思考停止の状態であり、「相手」のいるコミュニケーションの本質から外れていると考えています。

自分が話す内容の特性や相手の状況をしっかりと認識・理解したうえで、結論から話すべきか、具体的な説明から話すべきか、時系列的に伝えるべきか等を自分なりに考えてコミュニケーション（意思疎通）を行うことが重要です。

「会話」ではなく「対話」による価値の創造

第4章の最後は、筆者が新時代のビジネスコミュニケーションの根幹を担うと考えている「対話」について考えてみたいと思います。「対話」と似た言葉で「会話」という言葉があります。どちらも人と人が言葉を交わしてコミュニケーションを取るための行動を表すものですが、この二つには大きな違いがあると考えています。まずは**「対話」と「会話」の違いから、「対話」の特徴について説明したいと思います。**

辞書的には「会話」＝二人以上の人が集まって話すこと、「対話」＝二人で向かい合って話すこと、という意味がありますが、ここではもう一歩踏み込んでそのビジネス上の意味合いの違いについて考えてみたいと思います。「対話」と「会話」の最も大きな違いは、コミュニケーションの目的の有無です。

図表4-3 「会話」と「対話」の違い

「会話」

☑ 特定の目的を持たずに行われるコミュニケーション

☑ お互いが思ったことや好きなことを話したり、相手に合わせて話をするといった“友好的”なやり取り

「対話」

☑ 明確な目的とゴールが存在するコミュニケーション

☑ お互いの意見をすり合わせながら、協働で一つの意見に練り上げるといった“建設的”なやり取り

相手の価値観・考え方を理解する

相手の話をよく聴く

自分の意見を深める

「会話」が特定の目的を持たずに行われるコミュニケーションであるのに対して、「対話」は明確な目的とゴールが存在するコミュニケーションです。例えば、お互いが思ったことや好きなことを話したり、相手に合わせて話を盛り上げるといった〝友好的〟なやり取りが行われたりするのが「会話」です。

一方で、**「対話」とは何かの問題や議題に対して、お互いの意見をすり合わせたり、お互いの意見を出し合いながらその解決策を協働で生み出していったりするといった、何かしらの前向きな変化を生む〝建設的〟なやり取りがなされるものです。**「会話」では参加者の向いているベクトルがバラバラなのに対して、「対話」では参加者が同じ方向（目的）に向かってそれぞれの意見を出したり、時にはぶつけあったりして、新たな価値や解決策を生み出すというイメージです。

意見をぶつけ合うと言っても、「対話」には勝ち負けのような概念はありません。ある問題について何かしらの解決策にたどり着くことが対話のゴールであるとすると、どちらの意見が優れているかということや相手の意見を論破することに意味はありません。むしろ、何かしらの前向きな変化を起こせなかったり、目的・ゴールに近づくことができなかったりした場合、どれだけ自分の意見や考えが素晴らしくて、相手に勝っていると思っていても価値はないということになります。

「対話」がお互いの意見をすり合わせながら協働で解決策を生み出していくものであるとすると、「対話」において大事なポイントは次の3つであると筆者は考えています。

①相手の価値観・考え方を理解する
②相手の話をよく聴く
③自分の意見を深める

それぞれのポイントについて見てみましょう。

①相手の価値観・考え方を理解する

相手の考え方や発言をあまり気にすることなく、自分の話をしたり意見を述べたりする「会話」とは異なり、**「対話」においては自分と相手との間に一つの結論を生み落とさないといけないため、まずは相手の価値観や考え方を理解して尊重することが重要です。**

一つの会社、組織、チームで仕事をするということは、様々な価値観や思想を持った人と仕事をするということですから、まずはそういったそれぞれの価値観や考え方に「違い」があるということを意識して理解することが大切です。目の前にいる相手は一体どのような信条がある人なのか、どのような仕事観を持っている人なのか、どのような思考の癖があるのか、どのような感情にあるのかといった、表面上には見えない潜在的な価値観や考え方に想いを馳せることから「対話」は始まります。

「この人とは意見が合わない」と感情的になったり、関係性を切り捨てたりするのではなく、相手の価値観を理解することも仕事だと思って、一歩引いたところから相手の言動や行動を捉えてみると良いでしょう。

②相手の話をよく聴く

相手の価値観・考え方が理解できたら、相手の意図していることや考えていることを「聴く」ことで対話のステップが進んでいきます。相手が話している内容をただ日本語として「聞く」のではなく、**相手の考えていることを理解することを目的とした「聴く」という姿勢が「対話」において重要です。**

自分の意見と相手の意見が異なっていても、その良し悪しや好き嫌いの評価をせずにまずは相手が話す内容を受け入れて理解しようとすることが「聴く」というアクションです。相手の意見に対して自分が同調するか、反対するか、というリアクションを決めるのは、相手が話す内容を正しく理解できることが前提にあります。

ただ何となく意見が違うから反対する・受け入れない、ということでは「対話」が目指す前向きな変化を起こすことはできませんから、しっかりと相手の話を聴いたうえで、自分の取るべきポジションや持つべき意見を定めることが「対話」において重要です。

③自分の意見を深める

「対話」によって挙がった様々な意見を取り入れる際は、自分がもともと持っていた意見を「深める」という意識が大切です。ともすると上司や先輩からのフィードバックを受けて、自分の意見を「戦わせ」たり、意見を「正す」「直す」という発想に至りがちですが、あらゆるビジネス上の「対話」は、前向きな変化を生むためのコミュニケーションですから、無理に自分の意見を通したり、指摘された事象に対して「直す」ということに終始したりするのではなく、**相手の意見を取り入れながら、自分の考えや意見をより深めていくことに頭を向けるべきです。**本項の冒頭で述べた通り、意見は良い・悪い、正しい・間違い、ということではありませんから、自分の考えや意見を謙虚に見つめながら創造的な対話を行うことが重要です。

一つ注意すべきことは、ビジネス上のすべてのコミュニケーションにおいて「対話」を持ち出すべきということではないということです。ビジネスにおいても「対話」が必要な場面と「会話」が必要な場面は使い分ける必要があります。

例えば、営業企画会議やプロジェクトのクライアントMTGといった場においては、明確な問題や課題を取り扱うことが想定されるため「対話」的なコミュニケーションが適していると思いますが、チームビルディングやクライアントとの友好的な関係構築の場においては「会話」的なコミュニケーションが有効です。

場の目的や背景に応じて、「対話」と「会話」を適切に使いこなすことがビジネスコミュニケーションの肝と言っても良いでしょう。

ここで「対話」が有効に機能するシーンとして、相手と意見が対立した際の対応方法について考えてみましょう。先の「対話」の3つのポイントが意識されていない状況では、相手と意見が対立した際に、例えば「自分の意見を押し通そうとする」「相手の意見に合わせて妥協する」「結論を先送りにする」といったアクションになるのではないでしょうか。もちろんシチュエーションによってはこのようなアクションを取ることが間違いではないこともあります。

一方で常にこのようなアクションを取っていると、どこかで仕事にひずみが生まれて、うまく物事が進まないという状況に陥ることがあります。このように相手と意見が対立した際に、「対話」の3つのポイントを意識してより良い成果を生むための3つステップを説明したいと思います。

ステップ1：意見の違いを認める

先のポイント①・②に基づくと、まずは相手の意見が異なっていても、その違い自体に対して良い・悪いという評価をせずに「異なる意見はあって当然だ」と思うことです。人の思考回路や思考の癖は千差万別ですから、初めから同じ意見に収斂すると考える方が不自然なのです。意見が対立した際には、反射的に拒絶したり自分を卑下したりせずに、まずは意見が異なるということそれ自体を認めることから始めることが重要です。

ステップ2：意見の相違点を客観的に把握する

意見は異なるものだということが理解できたら、次に具体的にどの点において意見が異なるのかを冷静に把握します。相手の意見を聴きながら瞬時に意見の相違点を明らかにする、ということはいきなりできるものではありませんから、まずはゆっくりでも良いので相手の意見との相違点を紐解いていくことが重要です。よくある意見の相違のきっかけとなるポイントとしては「目的」「前提」「論点」といったものがあります。

例えば、前提の置き方が異なっているから意見が異なる、異なる目的を想定しているから意見が異なる、そもそも答えを出そうとしている論点（問い）が異なるから意見が異なる等のように、お互いの意見が異なるに至ったきっかけから紐解いていくことが有効です。この相違点の紐解きが丁寧にできるかによって、次のステップで落としどころ・合意点の見つけやすさが大きく変わります。

ステップ３：落としどころ・合意点を見つける

異なる意見が発生した経緯や理由を明らかにすることができたら、お互いの意見をすり合わせて合意点を見つけます。

意見の相違のきっかけとなった「目的」「前提」「論点」の認識を合わせるとともに、相手がその意見を通したい意図を理解しながら、自分の意見を相手の意見に寄せていくか（妥協）、自分の意見に寄せてもらうか（説得）、自分の意見と相手の意見を組み合わせてみるか（統合）を話し合って決めていきます。「対話」にもタイムリミットがありますから、時間がない場合は妥協や説得で片づけることも多いと思いますが、理想としてはお互いの意見を統合してさらに価値ある意見に昇華することです。
そのためにはポイント③で述べた意見を「深める」という意識・実践が必要です。意見を良し悪しで判断すると、相手の意見に妥協したり、自分の意見の説得に走ったりしてしまいますが、お互いの意見を客観的に並べて、目的に向けて「深める」という意識があればより良い意見に統合していくための議論につながります。

調査・分析したことを提言するだけの仕事では一方通行の「会話」だけで済むこともありますが、**取り扱う問題や取るべき解決策が複雑化して様々な人・企業と協働しながら新しい価値を生み出すという新時代のビジネスプロフェッショナルに求められる仕事においては、「対話」の姿勢と実践はより良い仕事を行ううえで非常に重要な役割を果たします。**

コンサルティングの現場でも、ただ戦略を描いて報告書にまとめるだけではなく

（もちろん良い戦略を描くこと自体の価値は否定しません）、いかに描いた戦略から具体的な打ち手を実践できるかということにクライアントの期待がシフトしている中で、実効性の高い打ち手を市場や社会に実装していくためには、一つの企業だけでできることには限界があります。様々な企業・組織やステークホルダーと連携して強みを補完し合い、一つの解決策を実践していく際には「対話」に基づくコミュニケーションは欠かせません。

第4のスキル　まとめ

- いくら事前に考えたことや作業した内容が素晴らしい内容でも、相手に伝わらなければ意味はない。会議の目的やゴールを適切に設定して、自分が考えたことを相手に正しく伝わる状況を作り出すことも重要な仕事の一つである。
- 何でもかんでも結論から話すということがビジネスコミュニケーションなのではなく、自分が話す内容や相手のリテラシー・状況に応じて適切にコミュニケーションの仕方を使い分けることが本質的な「コミュニケーション（意思疎通)」である。

●ビジネスにおいては、〝友好的〟なやり取りを行う「会話」ではなく、〝建設的〟なやり取りを行う「対話」が求められる。相手の価値観・考え方を理解したうえで、相手の話をよく聴き、自分の意見を深める、という姿勢で「対話」を行うことが重要である。

第5のスキル

コラボレーション力

個人・組織のパフォーマンスを増幅させる

第5章では前述した思考力・アウトプット力・伝達力をフル稼働させて、個人・組織の力を最大限活用しながらイノベーションを創発する「コラボレーション」について説明します。コラボレーションとは〝共に働く〟・〝協力する〟という意味ですが、**異なる知識・能力・テクノロジーを持つ個人・あるいは集団が互いの強みを発揮して新たな価値創造につなげるというのがビジネスシーンにおける最も一般的な考え方です。**

単一の組織では偏った知識や組織の前提が物事を進んでいき、結果として他の組織が同じことをやっていた・先を行く取り組みをしていた（効率性の阻害）、他の組織と共通項があるにもかかわらず接点を見つけられず、単体でのメリットに留まってしまったりする（効果最大化の阻害）というケースはこれまでも経験があるのではないでしょうか。

もっと高い視点に立つと、自動車業界と通信業界がEV車の開発・競争で勝ち抜くために事業連携を図ったり、金融業界とヘルスケア業界が連携して健康サポートサービスを開始したり、まったくプロトコルが異なるもの同士が一つの目的の下で協働していくシーンはもはや日常の景色となりつつあります。

従来のようにチーム間や社内でコミュニケーションして仲良く効率的に仕事をしま

しょう、といった生半可な目的でこのコラボレーション力を捉えず、新時代のビジネスプロフェッショナルに求められるインパクトのある仕事をするための手法としてコラボレーション力を理解してください。

これまでも多くのコンサル本において、ベーシックスキルとして記されてきていたかとは思いますが、「潮目が変わった」これからの時代において求められるポイントがよりわかるように本書では解説していきたいと思います。

コラボレーションによって得られるメリット

コラボレーションは組織内と組織外の2種類に大別されます。組織内であれば横断的にプロジェクトチームを組成し、部門間連携して新たな価値を生み出すこと、組織外であればオープンイノベーションに代表されるように自社の研究開発部門や組織だけではなく、他社のアイデアや外部リソースを取り入れることを指します。両者とも〝**他者のスキル・アセットを活用して自身の活動を促進（またはインパクトを増幅）**〟**させることが大きな目標となります。**

コラボレーションにより得られるメリットは、大きく5つあると考えます。

1. 業務効率化や生産性の向上

他者は自分が知らないことを多く知っている〝先生〟であり、その〝先生〟から自身の持たない知識・ノウハウを吸収することができます。例えば、クライアントからあるタスクを依頼された時、皆さんはどのようなアクションを取るでしょうか？　そのタスクは何が目的か、前提を調べるために色々リサーチしないと……など自身のスキルや経験をもとにタスク設計をしていないでしょうか？　実はそのタスクは過去のプロジェクトで類似事例を調査していた可能性があったらどうでしょう。**先人が切り開いた情報を手元に置きながらクライアントの企業特性や自身の知識と掛け算して、さらに良い成果物の作成につながるとともに、作業を圧倒的なスピードで完遂することができます。**

業務をいかに効率化して取り組もうかと考える場合は、自分のスキルの外で何が行われているかや何が存在するかを把握・吸収することが非常に重要です。従来からコラボレーションのメリットとして強調されてきたのはこのケースがほとんどでした。

2. 新たなアイデアの創出

　これからのコラボレーションにおいて重要度を増しているのが「新たなアイデアの創出」です。時代のニーズやトレンドの移り変わりが加速化している昨今、いかにイノベーションを生み出せるかが企業の生き残りにおける重要なテーマになってきています。

　既存の業務を効率化するだけ、もしくは既にマーケットに存在する商品を低価格で生産するだけでは限界があり、自社ならではの新しい価値を生む商品・サービスの開発が急務だとされています。「モノ消費」から始まり、「コト消費」や「トキ消費」といった消費トレンドの移り変わりが常に起こり続けていることからも、その傾向は明らかではないでしょうか。「正解」がない、「前例」がない中、新しい価値を創り出していかなければならない今の時代においては、**立場や知見の異なるメンバーが揃うことで、課題に対する様々な意見を交わすことが大切です。**

　そこから、自分だけあるいは所属組織だけでは思いもよらなかったアイデアが出されたり、さらにそのアイデアが議論されて新たなアイデアが生まれたりするといった相乗効果が期待できるのです。

3. 収益性の向上

社外コラボレーションに見られるケースですが、過去の事業活動になかった価値を生み出すことで、新しい顧客の獲得につながる効果が期待できます。例えば、A社とB社がコラボレーションして商品開発する場合、今までターゲットにしてこなかった顧客層への販促が可能となり、新たな収益源の獲得につながります。

既存事業や既存サービスの改良の枠内ではもはや抜本的な収益改善が見込みにくい世の中にあって、**社外の異なる商品やサービスをかけ合わせたり、足し合わせたりすることでこれまでにない新たな価値が創造でき、非連続な収益性向上につながる確率が高まります。**収益性の向上という観点も、これからの時代においてとても重要なコラボレーションの狙いです。

4. 自己分析の促進

コラボレーションにより、多くのステークホルダーとの接点が生まれ、自身の強みや弱みが見えてきます。

これにより、自身の強みはそのまま活かしつつ、弱みは異なる専門知識を持つ協創相手にサポートをしてもらうことができます。**さらには弱い部分を認識し成長につなげられるような環境は大きなメリットであり、日ごろの業務ではなかなか体験できない他者との接点創出によって新たな刺激を受けて成長する機会が得られます。**

5. 社内の相互理解促進

社内コラボレーションの場合、縦割り構造の組織だと、隣の部署が何をしているか見えづらいものです。**社内コラボレーションでは異なる部門のメンバーが共通の課題に対して一緒に取り組むため、お互いの業務内容や考え方が見えやすくなります。その結果、社内の異なる部門同士での相互理解が進みます。**

今後さらに加速していくＶＵＣＡの時代において、リーダー層の答えも定石も通用しない世の中にあって、中堅若手社員が中心となりコラボレーション力を発揮して組織を活性化することは、自社のビジネス発展や社内コミュニケーションの観点で非常に重要なことです。複雑化する経営環境に対応し、安定した収益や組織発展を成功させている企業はコラボレーション力を上手く活用している組織が多いことは明らかです。

本書ではコラボレーションにおける中心人物として振る舞う、いわゆるリーダーポジションに必要なスキルを中心に詳しく解説します。

コラボレーションを促進させる4つのプロセス

コラボレーションのプロセスは大きく4つのステップに分かれます。

①目的を設定する
②目的達成のために必要なプレイヤー（ステークホルダー）を決定する
③ステークホルダーと議論し、目標達成に向けたアクションプランを策定する
④実行する

それぞれのプロセスを実行するにあたり基本となるのは第1章～第4章までのベーススキルとなりますが、コラボレーションを推進するうえではさらに〝周囲を巻き込む〟ための、「1．関係性構築力」をコアとして、「2．ビジョニング」、「3．オーナーシップ」、「4．メンタルタフネス」の4つのスキル・マインドセットが必要になります。

図表5-1　コラボレーションプロセスとスキル・マインドセットの対比表

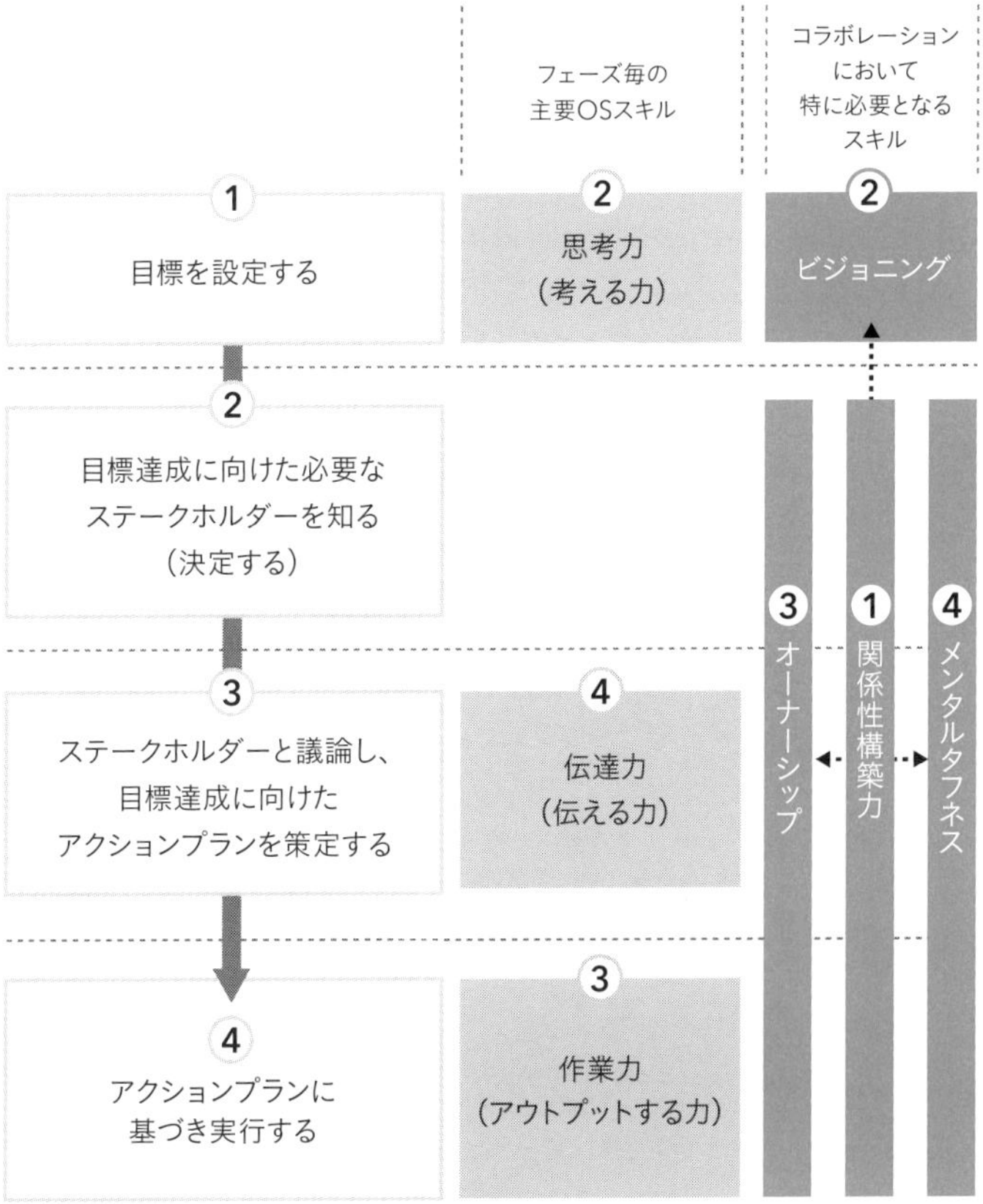

図表5-2 **成功循環モデル**

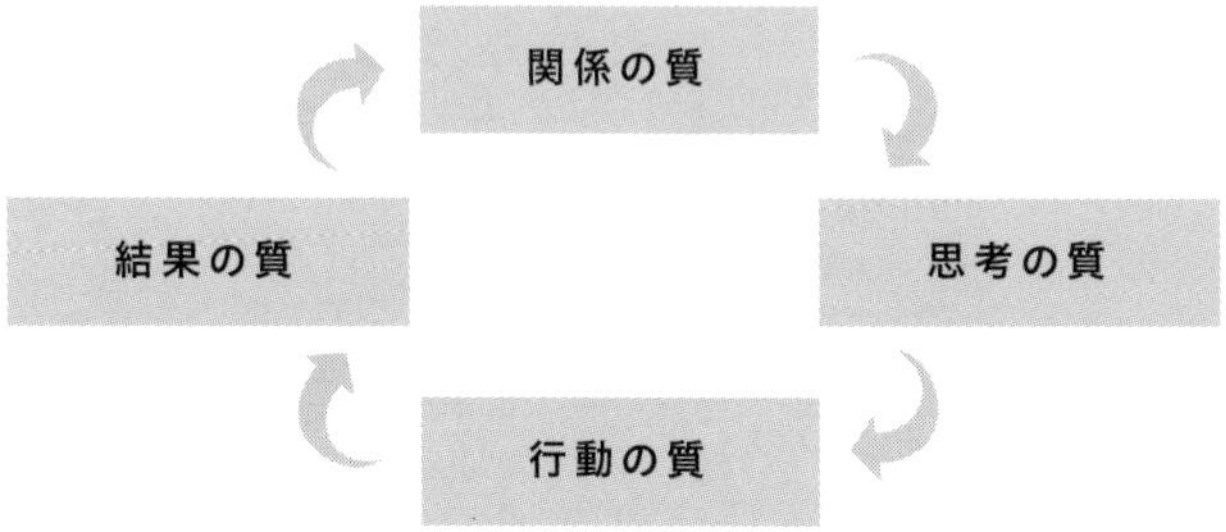

特に、「2．ビジョニング」は〝これから〟のビジネスリーダーには必携のスキルですので、よく理解していただきたいと思います。

1．関係性構築力

関係性構築力とは「相手を理解するとともに、自身を理解してもらおうと努め、心を開いて歩み寄りながら、お互いの違いを尊重して関わり合う能力」を指し、良質なコラボレーションを推進するうえで大前提となる重要なスキルです。筆者がまずコラボレーションを推進する際にどのように攻めようか一番に考えるアクションといっても過言ではありません。

MIT組織学習センター共同創始者のダニエル・キム氏による成功循環モデル（図表5－2）では、結果の質を求める場合の一丁目一番地が〝関係の質〟と定義されています。

これからも分かる通り、**関係構築は良質なアウトプットを生み出すために必要な前提条件であり、ここで失敗すると以降のプロセスが成立しなくなる重要なファクターだということです。**関係性構築力で重要なポイントは4つあります。

①共感できる関係性（相手を知り、自らも知ってもらう）

コラボレーションを始める際、「これは誰に聞くべきだろう」「誰を巻き込むべきだろう」というライトパーソン探しが起点になります。ライトパーソンにようやくたどり着き、〝目的やゴール〟を伝え、すぐに本題に入るケースが散見されます。いわゆる〝機械的〟なコラボレーションです。

コラボレーションにおいては取り巻く関係者すべてのパッションを醸成することが非常に重要ですので、すぐに本題に入らずまずは雑談から入ってみることをお勧めします。

その際に重要なことは決して独りよがりな自己紹介にとどまらず、相手をよく知るということです。趣味やこれまでの経歴、バックグラウンドをお互いに共有し（時には社内イントラや外部ＨＰ、セミナーでの発信をリサーチし、該当の人がどういう発信をしているか事前に確認するのもありでしょう）、まずは何を言っても否定されず尊重される心理的安全性を担保した状態で議論ができると円滑なコミュニケーションにつながるでしょう。

さらに議論が活性化した時に活用いただきたいのが〝Yes, And〟のマインドです。Yes, Andはインプロと呼ばれている即興演劇や即興コメディのルールで、「相手のアイデアを否定せず一旦まるっと受け入れて、アイデアで返す手法」です。第2章で解説したアートシンキングの原理原則として良いアイデアは否定や制約からは生み出されないということがあります。

コラボレーションにより新たなイノベーションを創発する際はブレーンストーミング等のアイディエーションフェーズは必ず通る道であり、その際により前向きで建設的かつエンパシー（共感力）を持って関係性を構築するとともに良質なアイディア発掘に繋げるためにも〝Yes, And〟のマインドはぜひ実践いただきたいと思います。

②相手のメリットを考える

関係性構築において特に重要となるのが〝相手のメリットは何か〟ということを常に思考に入れることです。チーム内でのコミュニケーションでは、メンバーの向く方向は〝クライアント〟や〝チームにおけるイシュー〟がメインとなり、メンバーが目指す目的やゴールは共通化できることが多いものと想定されます。

他方、他者とのコラボレーションにおいては他者の本質的な狙いは自分たちが想定しているものと異なるケースも存在します。その場合、自身のメリットだけを追うのではなく、取り組みにより他者のメリットを最大限達成し得る動機付けを考え、相手に提示することもまた信頼関係を構築する一つのポイントです。

③関係性を切らさない（コラボレーションは1回限りではない）

組織を発展させるためには多くのコラボレーションが必要です。目の前のコラボレーションプロジェクトだけに留めるのではなく、関係性構築の資産化が将来的なコラボレーションには役立ちます。

具体的にはAというテーマを推進する際において構築した関係性を活用してBのテーマを組成したり、業務上困ったことや単なる事例収集のヒアリング先としてこれまで培った関係性が役立ったりするケースもあります。**関係性はビジネスを推進するうえで前述のメリットを享受することのできる重要な資産であることを認識し、1回限りではなく永続的にネットワーキングできる関係性を目指してください。**

④効果的・効率的なコミュニケーションを実践する（デジタルツールを活用する）

リモートワークが浸透している昨今、オフラインでの対話が限定的となり対人の関係性構築の難度は高くなっている状況です。現在社内で導入しているコミュニケーションツール（チャット・メール・テレビ会議）をベースにしつつも、**社内の情報やチームのタスク状況を一元的に管理する仕組み（既存／新規問わず）を導入することによりコミュニケーションの質と量を向上させることも重要です。**

そのため、サブテーマとはなりますがITリテラシーの会得もコラボレーション推進においては必要なファクターとなります。

2．ビジョニング——ありたい姿の共有

コラボレーションを活用したプロジェクトでは、多様な立場の人・企業が協働してプロジェクトを行うため、単独のプロジェクト推進より難度は高くなります。「文化やバックグラウンドが異なるため暗黙知が通用しない」「個々人の価値観や考え方がバラバラ」「ルールをゼロから構築していく必要がある」「寄せ集めのメンバー」と、とにかく不確定要素が多い取り組みです。**そこに統一感をもたらすために必要なもの**

は「ビジョン（ありたい姿）の共有」です。ありたい姿に共感できるからこそ、**出自も文化も異なる多様な人材がコラボレーションに前向きになれるのです。**逆にビジョンが曖昧なままであったり、受け手によってビジョンの解釈に大きなブレが生じたりするようだと「何のためにやっているのか」「何が自分のメリットになるのか」が見えなくなり参加者のモチベーションや推進力に影響が生じます。

ビジョンを明確にすること（ビジョニング）はそれぞれの組織・個人の思いや狙いを一つにまとめることにつながります。次のような論点構造で共通のビジョンを設定することから始めることが重要です。

共通目標・ありたい姿：〝コラボレーションで何を目指すのか？〟〝その先に描きたい世界観は何か？〟

「プロジェクトのゴール：プロジェクトのゴールは何か？　成功の定義とは何か？

「キードライバー設定：〝プロジェクトのゴール〟に向けた成功要因は何か？

「メンバーのモチベーション：〝自分・自社のメリットは何か？〟〝自身の成長に役立つか？〟」

ここで注意していただきたいのは、**ビジョン構築に際して関わるステークホルダーの意見を全て漏らさず拾い上げようとした結果、一体どこに向かいたいのかや何がしたいのかがよくわからないようなモヤっとしたビジョンを構築してしまう、**ということです。

これは衝突を恐れるあまり、そして正解がない時代に自分のビジョンを描けない日本人リーダーが陥りやすい罠なのです。多様な人たちがコラボレーションすれば、必然的にイノベーティブなビジョンが創り出せる、のではありません。

正解のない、従来の延長線上にはない世界観を創り出すためには、多様な人の意見に耳を傾け、アドバイスを貰うことは当然大事です。ただし、**最後はリーダーが色々な意見やアドバイスも踏まえたうえで、「私はこういう世界を創り出したい」と自分の言葉でビジョンを描き・表明し、そのビジョンに周囲のステークホルダーの共感・賛同を引き出していくことが重要です。**

「社内外の多様なコラボレーションを活性化させていって未来創りを強力に牽引す

る」という構図を成立させるためには、「そのコラボレーションという手段を用いて何を成し遂げたいのか、どのような事業やサービスを実現させたいのか、という世界観（仮説）をリーダーがしっかりと描く」というリーダーシップとセットでなければなりません。後者があってこそ、初めて、多様な人の意見や考え、活躍の場が生まれてイノベーティブな文化が継続的に生み出されていくのです。

改めて言いますが、**「多様な人が集まればイノベーションが興る」と考えるのはロジックの飛躍です。**「正解なき時代だからこそ成し遂げたい世界観・ビジョンがあり、それに共感・賛同してもらえる環境」を創り出しているからこそ真のコラボレーションが推進されるのです。

そのビジョンのもとでは国籍や性別、業界や企業を越えたコラボレーションが活発化されるのです。コラボレーションを実行性高いものとして発動していくためには、まずはビジョニングが大切である、という点は深く肝に銘じていただければ幸いです。

3．オーナーシップ

オーナーシップ（ownership）という言葉は「所有権」「責任感」「当事者意識」と

いう意味で、ビジネスにおいては〝ビジネスパーソンが自らに与えられた仕事や役割、自身が属する組織と向き合う際の姿勢〟として語られることが多い言葉です。

オーナーシップはコラボレーションにおいてどのフェーズでも共通して必須となるマインドセットです。組織のミッションの実現やコラボレーションの種となる課題解決に対して常に当事者意識を持ち、仕事を〝自分ゴト化〟できるかどうかが重要になります。

このマインドが欠落した状態になると、他者が存在するコラボレーションにおいては周囲もそのマインドに違和感を覚え信頼関係を獲得できず、そこにパッションが生まれない活動となってしまうでしょう。

オーナーシップは自身でタスクを遂行する際にも必要なマインドセットですが、コラボレーションを推進するうえでも決して欠かしてはいけません。特にビジョニングにおいては絶対に発現しなければならないコアスキルです。

4．メンタルタフネス

コラボレーションプロジェクトにおいて、衝突やチームメンバーのモチベーション低下による推進力の低下は多く散見されます。その場合、リーダーに求められるスキルは推進力を維持し続けるためのメンタルタフネスです。

メンタルタフネスとは「困難が降りかかった時に悪い感情に振り回されるのではなく、課題に向けたアクションが取れること」を指す言葉です。「なぜあの人はお願いしたタスクをこなさないのか」「なぜタスクを引き受けてくれないのか」「あの人は文句が多いな……」「あの人は何を言っているのかわからない」など、実際にコラボレーションプロジェクトに関わったことのある人なら経験があるのではないでしょうか。

その時にコラボレーションの中心にいるあなたが感情に振り回されてでプロジェクトをコントロールしては、たちまち立ちゆかなくなります。前述の通り、頭を切り替えて何が阻害要因となっているか、状況を見つめ直し冷静かつポジティブな思考でアクションしてみてください。

第5章ではコラボレーションの重要性、それを発現していくうえで必要なスキル・マインドセットについて見てきました（図表5－3）。

本テーマはベースとなるソフト／ハードスキルよりも何より〝関係性構築力〟がモノをいう領域です。多少ベーススキルに欠落があったとしても相手とのコミュニケー

図表5-3　コラボレーションにおける3つのベーススキルと4つのスキル・マインドセット

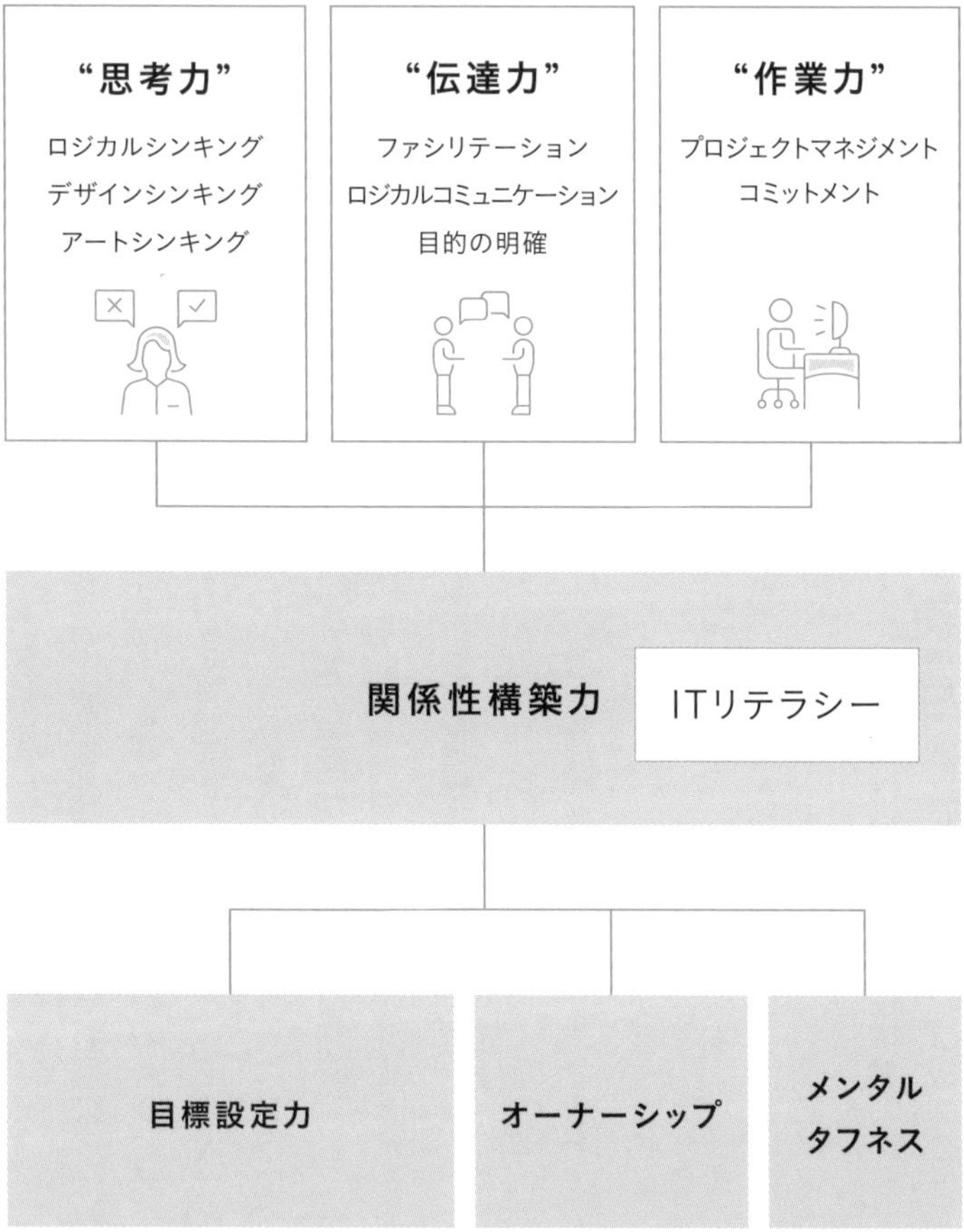

ションにより信頼関係が構築できていた場合は、その穴を埋めていくのに時間は要さないケースが多いと筆者は考えています。相手の心をつかみ、エンパシーを醸成することで機械的なコラボレーションでは引き出せない新たなイノベーションのフックになる可能性もあります。

これは他者とのコラボレーションのみならず、同じ組織の上司・同僚・部下においても共通して活用することのできるスキルセットですので、日ごろから意識して他者との関係構築に努めていきましょう。

その上で出自や文化、プロトコルが違っても共通目的でしっかりとつながっていけるビジョニングの重要性もぜひ深く理解いただきたいと思います。正解のない時代に立ち向かう今だからこそ、強いオーナーシップで、あるべき姿、実現したいゴールを指し示すビジョニング力がリーダーには求められているのです。

第5のスキル　まとめ

- コラボレーションがもたらすメリットは、新たなアイデアの創出や自社の収益性向上といった企業視点のものだけでなく、仕事の生産性向上や自己分析の促進といった個人にとってもメリットの大きい取り組みである。

● 他者とのコラボレーションを促進させるためには、他者との共感や相互メリットによる「関係性構築力」をコアとして、コラボレーションにおける明確なビジョンを設定する「ビジョニング」を行うことが非常に重要。

● 多様なメンバーやステークホルダーと協働してコラボレーションプロジェクトを推進する際には、常にオーナーシップを持ち、どんな困難があっても物事を前に推進していくメンタルタフネスも求められる。

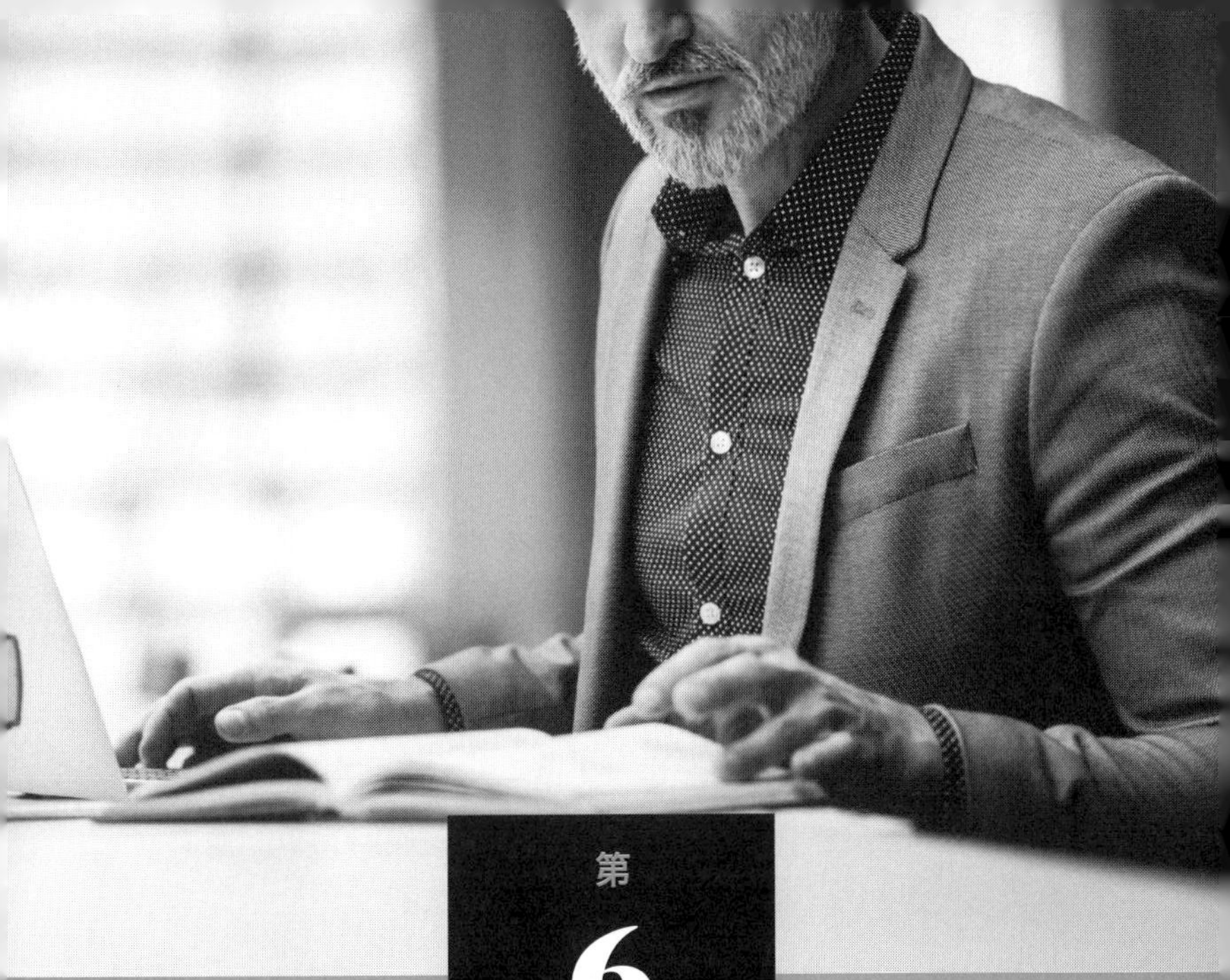

第6のスキル

知識・情報

価値創造のイントラパーソナルダイバーシティへの道

第6章では、新時代のビジネスプロフェッショナルが持つべき知識・情報について見ていきたいと思います。

これまでに説明したマインドセット（OS）と技術（アプリ）を活用してより良い仕事をするためには、アウトプットの質を左右する知識・情報（CPU）が不可欠です。例えば、きれいに問題を構造化・整理できたとしても、10年前の知識・情報で打ち手仮説を考えているようでは、意味あるアクションにはつながりません。

知識・情報には賞味期限や有効期限があるということを理解したうえで、自分の頭の中にある知識・情報を常にアップデートし続けることが大切です。本章では、知識・情報の定義から知識・情報を自分の中に取り入れていくために実践すべきこと・気を付けるべきポイントを説明したうえで、新時代のビジネスプロフェッショナルの皆さんに求められる「新しい価値を生む」という仕事に必要な「イントラパーソナルダイバーシティ」について解説していきたいと思います。

「知識」と「情報」を正しく理解する

まずはビジネスにおいて知識・情報というものをどのように捉えるべきかについて考えてみたいと思います。ここでは知識・情報を取り巻く「情報」「知識」「セオリ

図表6-1　知識・情報を取り巻く4つの言葉

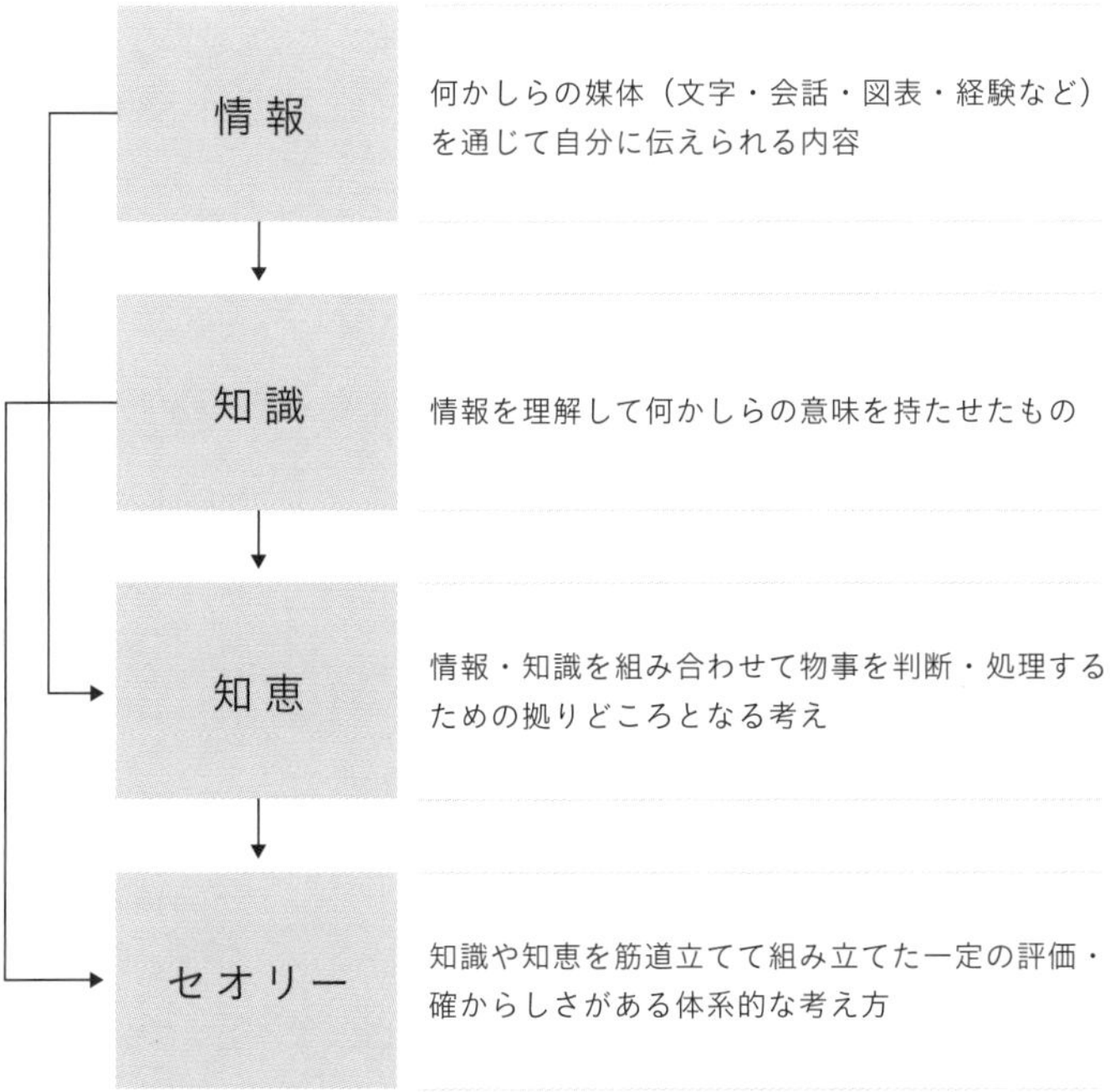

情報
何かしらの媒体（文字・会話・図表・経験など）を通じて自分に伝えられる内容
知識
情報を理解して何かしらの意味を持たせたもの
知恵
情報・知識を組み合わせて物事を判断・処理するための拠りどころとなる考え
セオリー
知識や知恵を筋道立てて組み立てた一定の評価・確からしさがある体系的な考え方

ー」「知恵」という4つの言葉について改めて明確な定義付けを行います。

「知識」とは、「情報」を理解して何かしらの意味を持たせたものです。いくら先端的で素晴らしい「情報」であったとしても、自分にとって意味のない内容であれば、それは「知識」にはなりません。また、いくら「たくさんの情報」を持っていたとしても、それが自分にとって活用できるものでなければ「知識」にはなりません。

つまり**ビジネスにおける「知識」とは、仕事において何かしらの意味づけがされて初めて「知識」になるということです。**「情報」や「知識」を集めること自体が目的なのではなく、何かしらの目的を達成するための手段として情報収集というアクションがあり、知識の蓄積につながるということをまずは認識・理解することが大切です。

またビジネスにおいては「知識」だけでは不十分です。定型的な仕事であれば「知識」に則ってただ仕事をこなしていくだけというケースもあるかもしれませんが、正解のない仕事においては必要な「知識」があることは前提であって、その「知識」を活用して自分なりの「知恵」に昇華して物事を判断・処理していくことが求められます。

「知恵」を出すためのテクニックは第2章で触れた「打ち手仮説を発想する」や「イ

ノベーションシンキング」の内容を参考にしてください。ここでは、**「知識」はただ持つだけでなく明確な目的意識をもとに集めること、そして集めた「知識」を「知恵」として昇華してこそ仕事に活用することができる**ということを強調しておきたいと思います。

　最後に「セオリー」についても触れておきたいと思います。「セオリー」とは、学術的・経験的に確からしいと思われる「知識」や「知恵」の体系のことで、柔らかく言うと「先人が研究したり実践してみたりしてうまくいった考え方・やり方」を指します。コンサルティング業界では「ベストプラクティス」とも言い、例えば「〇〇業界の〇〇商材の営業プロセス改革」といったプロジェクトテーマがあった際に、プロジェクトの論点、プロジェクトのアプローチ、プロジェクトのアウトプット、適用するフレームワーク等の問題解決に必要な考え方や進め方が既に過去の事例から整備されているものが「ベストプラクティス」です。

　また一般的なビジネス書で学べるビジネス理論も「セオリー」と言えます。例えばマーケティング戦略を見直さなければならない時に「STP理論」や「ジョブ理論」は押さえておく必要があるでしょう。「STP理論」はマーケティング戦略の検討アプローチや検討論点を構築するためのインプットとして欠かせませんし、「ジョブ理論」は事業やマーケティング活動における提供価値の検討に欠かせない概念です。

「セオリー」を活用すると、自分が知らない業界やテーマであっても考える糸口や集めるべき情報の切り口の起点となるため効率的に物事を考えることができます。必ずしも「セオリー」をそのまま適用することが正しいとは限りませんが、ゼロから物事を考えるよりもはるかに時間短縮になるため、自分が携わっているプロジェクトや仕事に関する「セオリー」は自分で勉強して押さえておく必要があるでしょう。

4つの情報収集のモードを使い分けて〝情報コレクター〟を避ける

「情報」「知識」「セオリー」「知恵」の違いが理解できたら、「知識」「知恵」「セオリー」の基盤となる「情報」をいかに集めるかということについて考えてみたいと思います。

前項で説明した通り、情報収集自体を目的とするのではなく、**何かしらの目的を達成するための手段として情報収集というアクションがあるということをまずは認識・理解することが大切です。**「いつかどこかで使える情報」だと思って集めていても、目的意識がない状態で「情報」をストックしておくと、後で使い道に困ったり結局使わない情報ばかりになってしまったりして、非効率であると言わざるを得ないでしょ

図表6-2　情報収集の4つのモード

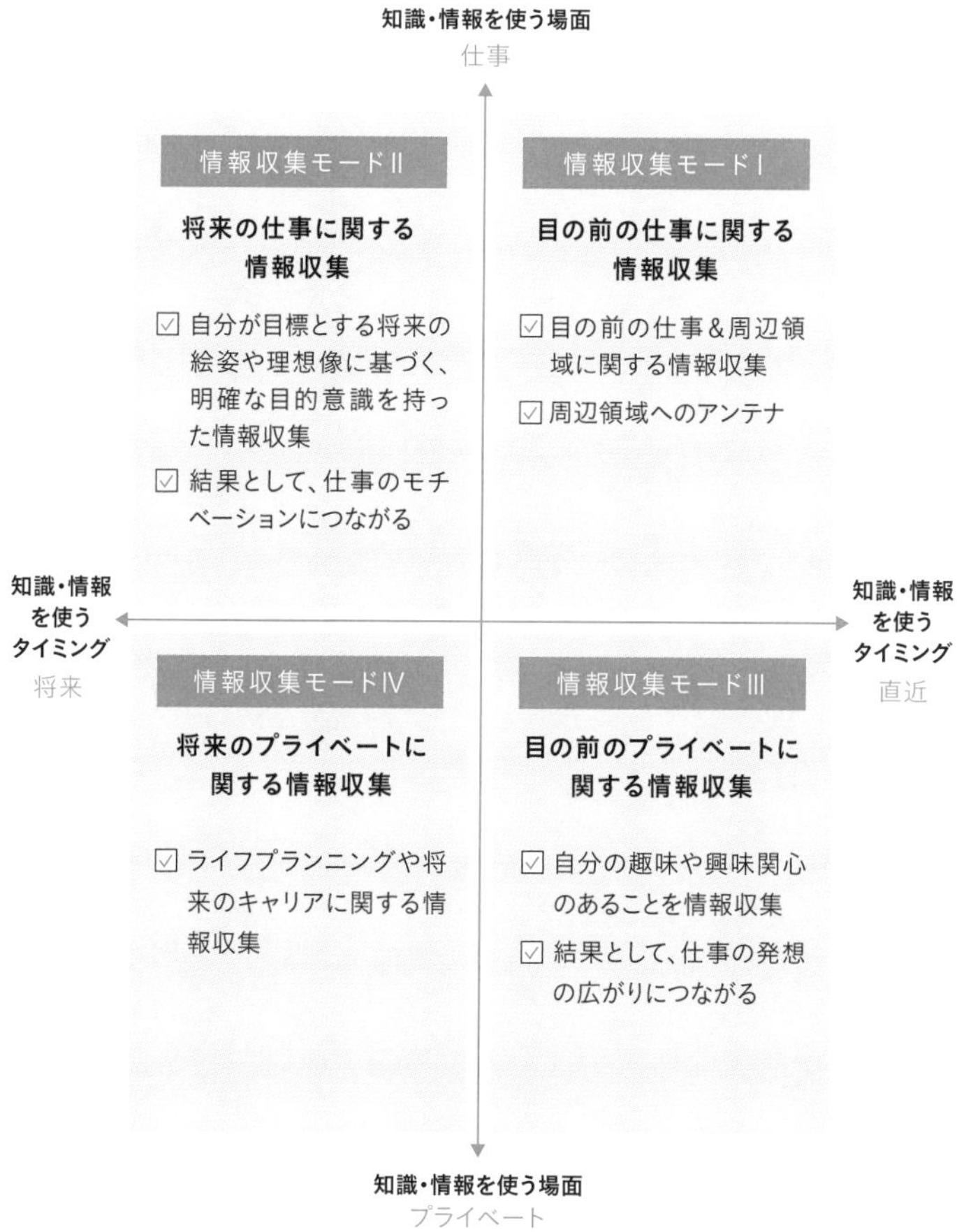
知識・情報を使う場面
仕事
情報収集モードⅡ
将来の仕事に関する情報収集
☑ 自分が目標とする将来の絵姿や理想像に基づく、明確な目的意識を持った情報収集
☑ 結果として、仕事のモチベーションにつながる
情報収集モードⅠ
目の前の仕事に関する情報収集
☑ 目の前の仕事&周辺領域に関する情報収集
☑ 周辺領域へのアンテナ
知識・情報を使うタイミング
将来
知識・情報を使うタイミング
直近
情報収集モードⅣ
将来のプライベートに関する情報収集
☑ ライフプランニングや将来のキャリアに関する情報収集
情報収集モードⅢ
目の前のプライベートに関する情報収集
☑ 自分の趣味や興味関心のあることを情報収集
☑ 結果として、仕事の発想の広がりにつながる
知識・情報を使う場面
プライベート

う。

良い仕事をするために様々な「情報」を得ようとすることは大切な心掛けですが、**ただ情報を集めるだけの〝情報コレクター〟ではビジネスの成果にはつながりません。**なぜ自分はその情報を集めようと思ったのか、あるいはその情報を得てどうしようと思ったのか、という情報の目的や利用場面を意識することが重要です。まずは自身の日頃の情報収集の仕方が目的意識を伴わない〝情報コレクター〟になっていないかをチェックしてみると良いでしょう。

目的意識をベースとした知識・情報収集には4つのモードがあると筆者は考えています。情報を使うタイミング（直近⇕将来）と情報を使う場面（仕事⇕プライベート）を軸として図表6－2に示すような4象限で考えてみます。

情報収集モードⅠ：目の前の仕事に関する情報収集

いま自分が関わっているプロジェクトや任されている仕事の内容について情報収集するモードです。この場合、仕事の進め方を設計する中で明確な目的や調査要件を設定したうえで、その内容に沿って必要な「情報」を集めていきます。またプロジェクトや仕事を任されている期間中、設定した目的や調査要件に関する「情報」だけでなく、**自分が扱っているテーマの周辺領域にまでアンテナを張って情報収集行動を行うとより付加価値の高い仕事につながります。**

例えば、デジタルマーケティングの顧客体験の再設計に関するプロジェクトに関わっている場合、カスタマージャーニーやマーケティングROIといった「セオリー」は学んでおくべきですし、データマーケティングにつながる話であれば個人情報等のデータセキュリティに関する「情報」も取り入れておくと仕事の質が上がると思います。このように、情報収集モードでは、目の前の仕事に関する情報収集＋周辺領域へのアンテナが重要なポイントです。

情報収集モードⅡ：将来の仕事（いつか関わるかもしれない仕事）に関する情報収集

仕事において喫緊では必要はないけれども、（領域や職位等の様々な意味で）自分がそのうち携わるだろう仕事／携わりたいと思っている仕事に関係する「情報」を集めるモードです。ここが目的意識をより強く意識する必要があるモードで、ともすると何となく「いつか必要になるだろう」と思って「情報」を集めてしまう領域になります。

「いつか使えるだろう情報」に対しても、**引き出しに入れた「情報」をどんな具体的**

な場面で使うのか、あるいは10年後の自分はビジネスパーソンとしてどうなっていたいのかといったことを想定して日々の情報収集を行うべきです。

例えば、5年以内に今いる会社の中で自分が出したアイデアから新規事業を創って世の中に出したい、という目的とする絵姿があって初めて「ビジネスモデル」（持続可能なビジネスを形作るための知識）や「事業価値算定」（新規事業の社内承認に向けて投資価値を算定するための知識）といった「知識」が役に立ちます。目的意識のある情報収集には〝実践〟が伴いますから、ただ知っているという「情報」ではなく「知識」や「知恵」として、自分の血肉になっていくことにつながります。

ビジネスにおいて自己満足のための情報収集や勉強は、自分の脳のキャパシティをいたずらに狭めることになりますから、明確な目的意識を持って情報収集にあたることがこのモードにおける重要なポイントです。

情報収集モードⅢ：目の前のプライベートに関する情報収集

自分の趣味や興味関心のあることについて情報収集するモードです。一見するとビジネスや仕事に活用する明確な目的がないため仕事とは関係のなさそうな領域に思えますが、実は新しいアイデアの発想へのインプットとなる可能性を秘めているのがこの領域です。つまり**ビジネスや仕事に関係なく、自分の価値観や発想の幅の広がりを持たせてくれるのがこの領域の情報収集の特徴です。**筆者の経験でも、例えばスポーツ業界の新規事業アイデアについて検討している際に、筆者の興味関心領域で日頃から集めているエンターテインメント市場の先進事例がアイデアの種として活用できることがありました。

また筆者が好きで読んでいる司馬遼太郎作品を通じて、日露戦争における日本軍の作戦の失敗事例から組織間コミュニケーションやガバナンスについて、実際に起きた題材として学ぶことがあります（これも仕事に活かそうという意識ではなく、歴史小説が好きで読んでいることからの結果的な学びです）。

このように日頃自分が集めている情報や読んでいる本から着想を得ることは実際に筆者が経験していることですが、重要なのは本や事例に接した時に「あれ、これって……」という意識を呼び覚ますスイッチの切り替えが起きているということです。これは日頃から自分の仕事の中で問題意識や課題意識が頭の片隅にあることから起きていることであると筆者は考えています。あえて問題意識や課題意識を事前に意識しておく必要はありません。仕事をしている中で明確に問題意識や課題意識が自分の中に植え付けられていると、関連しそうな情報に触れた時にたまたま問題・課題と触れた情報が紐づくということです。

このように、**潜在的な問題意識・課題意識をもとに情報収集のスイッチの切り替えが起こりうるということがこの領域の重要なポイントです。**

情報収集モードⅣ：将来のプライベートに関する情報収集

仕事に関係なく将来の自分にとって役に立ちそうな情報を集めるモードです。例えば長期的なライフプランニングや10年後の自分の暮らしについて考えるための「情報」を収集する領域です。この領域はビジネスや仕事からは最も遠く、モードⅢと同様にどこかで仕事につながる「情報」もあるかもしれませんが、意図して仕事に活かす必要はありません。ここでは特徴に触れておくのみとします。

情報化社会となった現代において、「情報」そのものはインターネット検索をすれば誰でも得られるものになり、陳腐化するスピードも速まっています。このような時代に「情報」を〝持っている〟ということに意味はなく、**いかに4つの情報収集モードを使い分けながら目的に沿って「情報」を集めて「知識」や「知恵」として仕事に活かせるかが重要です。**情報の波に溺れないためにも、目的意識を持った〝自分本位〟の日々の情報収集行動を行っていくようにしましょう。

新時代のビジネスプロフェッショナルが持つべき4つの知識

前項では「情報」を集める際のポイントについて説明しました。ここではこれからのビジネス・仕事に関わる際に持っておくと、付加価値の創出や新たな価値の発見につながると考えられる「知識」について見ていきたいと思います。

まずは改めてこれからのビジネスや仕事を特徴づける要素について説明します。新時代のビジネスプロフェッショナルの皆さんが関わるであろう仕事の質的特徴は次の3つに集約されると考えられます。

A．〝社会課題〟へのアドレス：企業の長期的な成長のためにＥＳＧ（環境・社会・ガバナンス）の観点で事業運営を行うことが必須要件となりつつある中で、これまでのような利益追求型のビジネスの進め方や仕事の仕方ではステークホルダーからの理解や共感を得られにくくなっています。

本業を通じて社会課題の解決の一翼を担うことが求められる市場環境となっている今、〝社会課題〟に対する感度や理解は企業のマネジメント層だけでなく、実際にビジネスを動かす現場のビジネスパーソンにも求められるものになっています。具体的な事業活動に〝社会課題〟の目線を埋め込むことは、現場のビジネスパーソンだからこそ考えられることは多いと思います。

B.〝答えのない〟仕事：テクノロジーの進展や経済のグローバル化によってVUCA時代が進んでいく中で、過去のビジネスや仕事のやり方が通用しないことは多くなっていると思います。

時代の変化を捉えて、今までのビジネスや仕事のやり方を変えて新しいことにトライしないと企業や組織の生き残りが果たせないという状況では、過去の仕事からの〝模範解答〟の意味が薄れて、新しい答えを探しに行く〝答えのない〟世界で仕事を進めていくことが求められます。

C.〝デジタル技術〟を前提としたビジネス：デジタル技術を使わずに仕事をしない日はないほど、現代のビジネスはデジタル技術に依存した仕組み・活動になっています。特に新型コロナウイルス感染症の拡大によるリモートワークの普及等、〝デジタル技術〟は手段ではなくビジネスの前提としての様相を呈しています。企業の経営課題としてデジタルトランスフォーメーション（DX）が叫ばれて久しいですが、デジタル技術を手段として活用した取り組みはもちろんのこと、デジタル技術を前提とした企業変革が必要になっています。
つまり、〝デジタル技術〟とは専門部署や専門家だけに関係するものではなく、企業変革や事業運営に携わるすべてのビジネスパーソンに関わるものなのです。

このような3つのビジネス・仕事の特徴の変化を見ると、ありとあらゆる「知識」を持たないといけないと思うかもしれません。本書では、これらの仕事の質的特徴に対して、新時代のビジネスプロフェッショナルが特に持つべき4つの「知識」を説明したいと思います。

ビジネスセオリー――新時代のビジネスプロフェッショナル必携の知識①

まず新時代のビジネスプロフェッショナルとして持つべき「知識」は企業活動や事業運営に関する「ビジネスセオリー」です。特に答えのない仕事に立ち向かう際に、徒手空拳・我流や現場感覚だけでは、納得感のある提案を取りまとめることやスピード感のあるアウトプットを出すことは難しいでしょう。

また基本を押さえてこそ応用が利くということは真理であると筆者は考えていま

図表6-3 新時代のビジネスプロフェッショナルが持つべき4つの知識

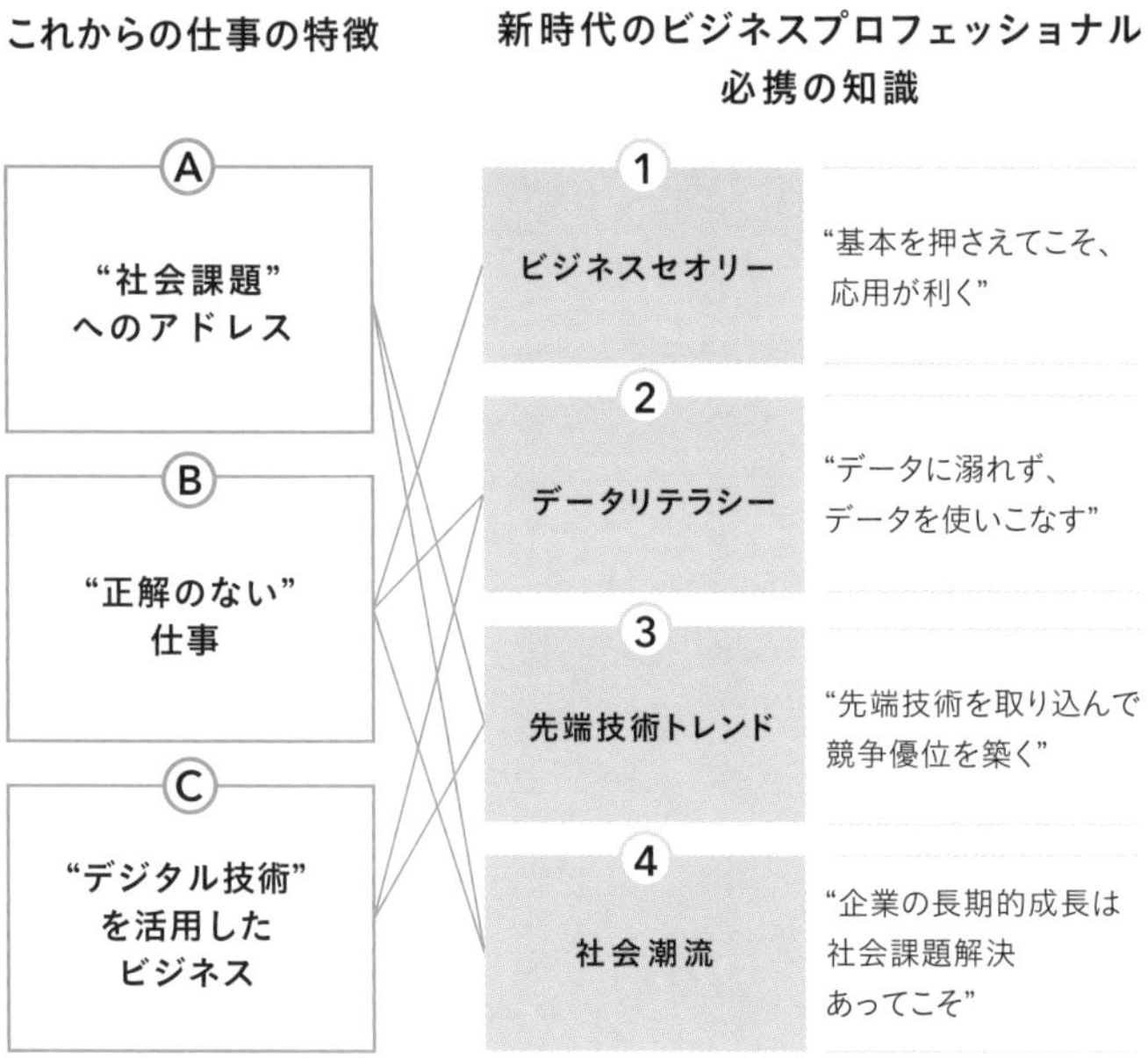
これからの仕事の特徴
新時代のビジネスプロフェッショナル必携の知識
A
“社会課題”へのアドレス
B
“正解のない”仕事
C
“デジタル技術”を活用したビジネス
1
ビジネスセオリー
“基本を押さえてこそ、応用が利く”
2
データリテラシー
“データに溺れず、データを使いこなす”
3
先端技術トレンド
“先端技術を取り込んで競争優位を築く”
4
社会潮流
“企業の長期的成長は社会課題解決あってこそ”

す。もちろん、自分が関わる仕事に全く関係のない「ビジネスセオリー」を必死に学ぶ必要はありません。マーケティング担当であればマーケティングに関する「ビジネスセオリー」を、経営企画担当であれば経営戦略や経営管理に関する「ビジネスセオリー」を学ぶことが重要です。セオリー＝理論だからといって敬遠したり机上の空論として学ぶ機会を逸したりすることは非常にもったいないことです。

「ビジネスセオリー」をそのまま活用することはないと思いますが、答えのない仕事に対して考えるきっかけや糸口としては非常に有用な「知識」になります。

データリテラシー――新時代のビジネスプロフェッショナル必携の知識②

デジタル技術に関する「知識」は幅も深さも非常に広く、一口にデジタル技術に関する「知識」を身につけようとしても、自分にとって必要なものと不必要なものを仕分けるだけでも大変です。本書では、あらゆるビジネスパーソンにとって欠かせないものであり、ビジネスにおけるデータの価値がこれまで以上に高まっていることから「データリテラシー」について説明したいと思います。

「データリテラシー」とは、「データを読み、使い、分析し、論じる能力」と定義されています（Rahul Bhargava, Catherine D'Ignazio. Approaches to Building Big Data

Literacy. MIT Media Lab. September28, 2015)。「データを読む能力」というのは、データが示す内容を正しく理解する力です。データは数字だけではなく表やグラフなどの様々な形式で表現されます。示されたデータを正確に読み取るためには、客観的にデータを読むことがポイントです。データは表現の仕方でいかようにも解釈することができますから、データソースや調査要件を確認するのはもちろんのこと、そのデータの出し手の意図に思いを巡らせることで、データを簡単に鵜呑みにしない習慣をつけることが大切です。

「データを使う能力」というのは、データを実際のアクションに活用する力です。データの使い道はデータを活用する目的によって千差万別です。必要なデータを取捨選択し、自分の仮説を支えうるデータを見極めてデータを活用することがこの「データを使う」という能力の意味するところです。必要なデータを見極めるためには、データの質（信頼に足るデータか否か）や目的合致性（目的と照らした時に十分な特徴が見出せるデータか否か）といった視点でデータを評価することが有効です。

「データを分析する能力」というのは、データを統計学や分析ツールを活用して新たな気付き・発見を見出す力です。データの持つ意味合いを理解するのが「データを読む力」だとすると、「データを分析する力」は理解したデータから洞察をすることを指します。データ分析にも様々な手法や技術がありますから、例えばマーケティングであれば回帰分析やクラスタリング分析等のように自分の関わる仕事に合わせて分析手法を学ぶことが重要です。

「データを論じる能力」というのは、自分が提案する内容や起こすアクションの根拠についてデータを用いて説明する力です。過去の経験や勘を根拠とした説明では説得力がありませんから、データと提案内容・アクションを整合させて、データ主導でのコミュニケーションを行うことが重要です。

データはいまやあらゆる仕事に登場し、データに溺れずにいかにデータを使いこなすかが、個人や組織・企業にとっての大きな課題になっています。今後ビジネスにおいて扱うデータ量がさらに増えていくことを考えると、一人一人が「データリテラシー」を持つことの重要性はさらに大きくなっていくことでしょう。

先端技術トレンド——新時代のビジネスプロフェッショナル必携の知識③

デジタル技術に関する「知識」としてもう一つ触れておきたいのが、デジタル技術やデジタルツールによって、何が新しくできるようになるのか、何が効率化されるのか、といった「先端技術トレンド」に対する理解です。

ＡＩ、ＩｏＴ、Ｗｅｂ３・０等、様々な先端技術用語があふれる中、各先端技術を学術レベルで厳密に理解する必要はありませんが、**それぞれの技術の特徴やビジネスにもたらしてくれる価値を理解して、自分たちの事業にどのように取り入れるべきかを考えることが重要です。**ＩｏＴ技術を活用したテレマティクスサービスやリモートモニタリング、Ｗｅｂ３・０技術を活用したＮＦＴやメタバース、ＡＩ技術を活用した需要予測や自律運転・飛行など、様々な領域で先端技術のビジネス活用が進んでいます。

自社や市場が抱える課題に対して、先端技術の適用範囲・方法を見極めてビジネス活用を進めていくことは企業の競争力に直結します。他社より一歩先んじて市場に新しい価値をもたらすためには、特に自身の担当領域に関わりそうな先端技術トレンドは常日頃から押さえておくことが重要です。

社会潮流――新時代のビジネスプロフェッショナル必携の知識④

企業の長期的成長の源泉が、事業の社会価値や社会課題解決にシフトしていることから、社会課題を中心とした社会の変化やうねりに関する「社会潮流」にまつわる「知識」も頭の片隅に入れておくことが望ましいと考えられます。

例えばSDGsの17の目標・169のターゲットについて、事細かにその内容を記憶する必要はありませんが、特に注目されている国内外の社会問題や自分の仕事に関連するSDGsの目標領域の先行事例・ベンチマークとなる取り組みについてはウォッチしておくべきでしょう。

社会潮流と聞くと目の前の仕事から遠いもののように思うかもしれませんが、例えばNPO法人が手掛ける社会課題解決の取り組みや地域に根付いた企業の地域活性化の取り組み等のように具体的な取り組みを「知識」として持っておくと、自分の仕事に活かせることはないかという目線で社会課題を捉えることができます。**そうして積み上げた社会潮流に関する「知識」が、どこかで自分の仕事に社会課題の目線を組み込むきっかけになることをイメージして情報収集を行うと良いと思います。**

新時代のビジネスプロフェッショナルに必要な知識は業界知識・業務知識から前述のような社会トレンドに関する知識に至るまで数多く存在しますが、これからのビジネス・仕事の特性を考えた時に「ビジネスセオリー」「データリテラシー」「**社会潮流」は、自分が担当する仕事の付加価値を高めるために必須の「知識」であると考えています。**日々の仕事の中で意識しながら情報収集することも重要ですが、常日頃からアンテナを張っておくと良いでしょう。

「イントラパーソナルダイバーシティ」で新しい価値を生み出す

前述の通り、イノベーションの源泉は「知の組み合わせ」であることを、経済学者のシュンペーターは「新結合」という言葉で提唱しました。また、ジェームス・W・ヤングは「アイデアとは、既存の要素の新しい組み合わせ以外の何ものでもない」と提言しています。つまり新しいアイデアや仮説は、自分が既に持っている「情報」や「知識」を組み合わせることによってのみ創られるということを示しています。このことは新しいアイデアをたくさん出せる人というのは、様々な知識や経験を持っている人であるとも言えます。

一方で、一人の人間が持つことができる「情報」や「知識」の量には限界があるのも事実です。だからこそ企業・組織レベルでは人材の多様性を確保しようと様々な活動・取り組みを推進していますが、組織レベルで人材の多様性を保ち続けることは時間もコストもかかるため非常にハードルが高いです。したがって、社会や市場に新しい価値を生み出す仕事においては、**いかに個人レベルでの多様性（イントラパーソナルダイバーシティ）を持てるかが重要になります。**

一人の社員が多様な「情報」「知識」や経験を持っていれば、それはイノベーショ

図表6-4　イントラパーソナルダイバーシティとは？

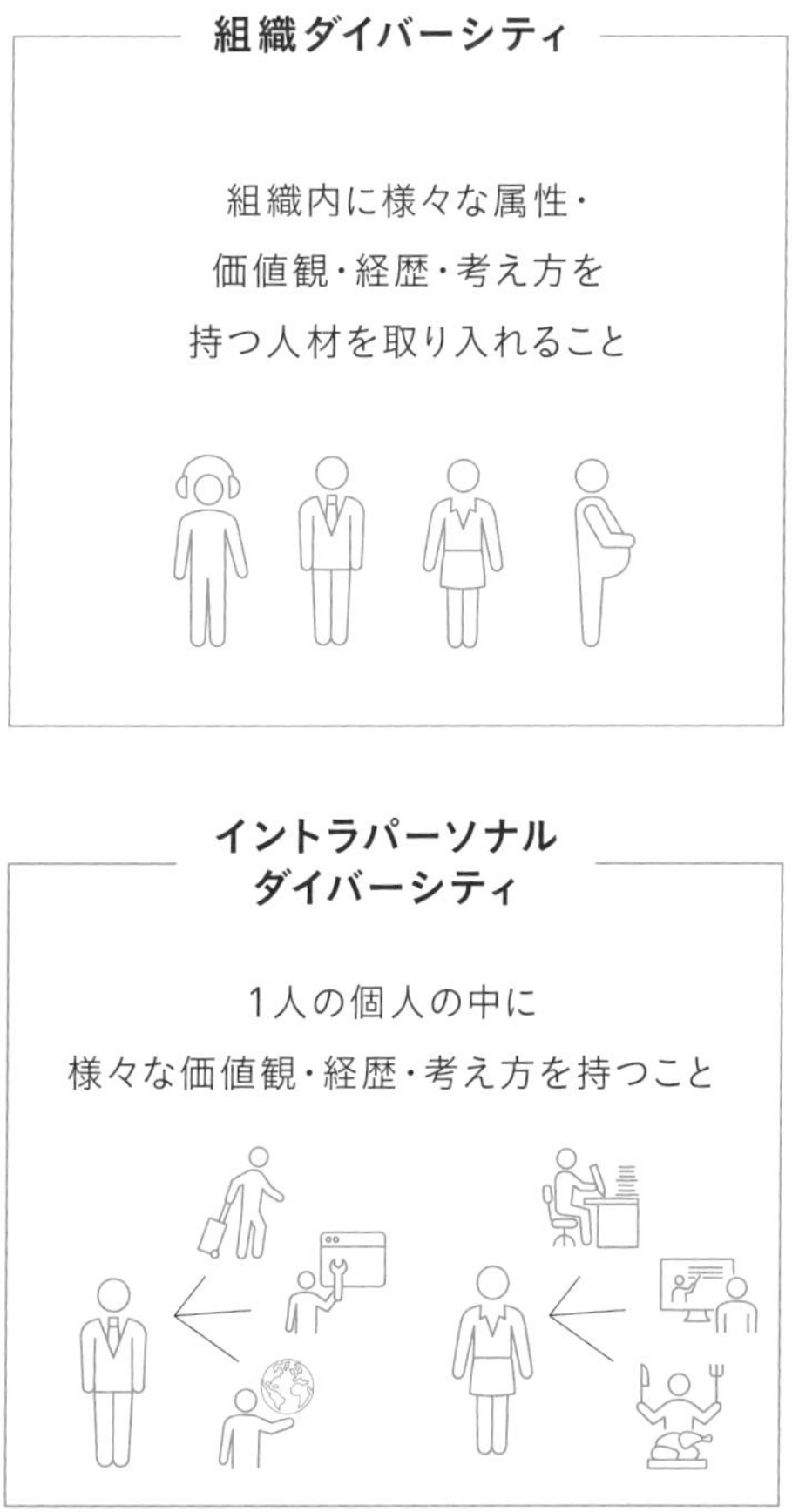
組織ダイバーシティ
組織内に様々な属性・
価値観・経歴・考え方を
持つ人材を取り入れること
イントラパーソナル
ダイバーシティ
1人の個人の中に
様々な価値観・経歴・考え方を持つこと

ンという文脈において多様な人材を集めることと本質的に同義です。**新しい価値を生み出す仕事に関わるビジネスパーソンにとっては、イントラパーソナルダイバーシティを高めることを意識した「情報」「知識」の収集・蓄積や幅広い経験をすることが重要です。**

それではイントラパーソナルダイバーシティを高める3つのポイントについて説明したいと思います。

> ①〝外〟に目を向ける
> ②〝面白そう〟を大事にする
> ③〝食わず嫌い〟をしない

①〝外〟に目を向ける

イントラパーソナルダイバーシティの第一歩は、「いま自分が見ている・自分から見えている世界の狭さ」を認識して、自分・チーム・組織・会社の常識を疑い、〝外〟で何が起きているかを知ろうとすることです。

社会人になると少なくとも平日の1日6時間以上を仕事に費やすことになり、一つの会社の中で一つの仕事で経験できることや得られる知識はごく限られたものになっていきます。そうすると、おのずと自分から見えている世界が自分の常識となってしまい、偏った「情報」「知識」から成るビジネスパーソンになってしまいます。**イントラパーソナルダイバーシティを目指すには、そういった状況にあることを客観視して、意識的に〝外〟に目を向けることが重要です。**

〝外〟に目を向ける方法としては、例えば自分の仕事に関する（あるいはあえて全く正反対の領域の）本を読んでみる、ビジネスセミナーを聴講してみる、今まで自分が経験したことのない仕事の機会があれば手を挙げてみる、友人の仕事の話を聞いてみる、話題になっているものに手を出してみる、本業に影響がない範囲で副業を考えてみる・やってみる等、様々な形で存在します。また実際にやらなくても、まずはこれらのことについて考えてみる・調べてみる時間を作ってみるということでも十分です。

②〝面白そう〟を大事にする

①のように〝外〟に目を向けるといっても、そもそも自分が全く興味のないものに

わざわざ自分の時間を投資することに足踏みをする人も多いでしょう。その場合、少しでも自分が〝面白そう〟と思ったものや〝気になる〟と思ったことから目を向けてみたり、少しでも良いので深掘ってみたりすることが有効です。もとから好奇心の強い人は様々なことに面白さを見出すことができるかもしれませんが、**なかなか物事に興味・関心が持てない人は、少しでも自分が〝面白そう〟と思った感情から出発することが大切です。**

既存の箱から飛び出して新しいことを始めるためには、人から言われて腰を上げる外発的動機ではなく内発的動機が重要ですから、わずかな〝面白そう〟という感情・琴線を自分でとらえて大きくしていくことが、多様な知を持つ自己の形成につながると思います。

③〝食わず嫌い〟をしない

目の前に〝外〟に向くチャンスや〝面白そう〟と思うきっかけがあっても、「自分には向いていない」「よくわからないからやめておこう」で〝食わず嫌い〟をしてしまうことは、イントラパーソナルダイバーシティの視点からすると非常にもったいないことです。〝食わず嫌い〟するようなものは、たいていの場合、その物事についてよく知らないという状況とセットだと思います。**結果として必ずしも食わなくても良いので、まずは匂いを嗅いだり見た目を吟味したりして〝食わず嫌い〟しようとしているものに対して知ろうとする姿勢を持つことが重要です。**

特に、今までの自分の仕事がうまくいっているとその世界に安住して目の前にあるものしか食べなくなってしまいがちです。新しい知識や経験を得ようとすると失敗したり辛い経験につながったりすることもありますが、すでに知っていることを深めることよりも、分からないことを知ることの方がイントラパーソナルダイバーシティ＝新しい価値を生む人材への近道です。

筆者の経験でも、今までマーケティング戦略や新規事業構想に携わってきた中で、ファイナンスについては苦手意識があったことがありました。それからプロジェクトを通じて事業価値算定や資金調達のようなファイナンスの知識を身につける必要に迫られて勉強をした結果、自分の経験・スキルとして強力な武器になったことは確かです。新しいことを学ぶ途上では思うように価値が出せない中でも、〝食わず嫌い〟をせずに〝外〟の様々な人の話や本から学び、自分なりの解釈と理解に落とし込みながらアウトプットしていく経験を通じて、新しい「知識」として自分の血肉になりました（まだまだ他にも学び足りないことはたくさんありますが！）。

様々な「情報」を集めながら活きた「知識」として自分の中に蓄積して、イントラパーソナルダイバーシティを実現することは、一つの企業の中で自分が価値を出すためにも必要ですし、VUCAの時代に一人の「個」としてキャリアを歩んでいくためにも必要なことだと筆者は考えています。

〝外〟から得た「知識」を自分なりに取り入れながら活用して、市場や社会という〝外〟に還元し続けていくことが、新時代のビジネスプロフェッショナルに求められています。一つの「情報」や「知識」がこうした社会を動かすタネになっているという視座で日々の学習や仕事に向き合うことが重要です。

第6のスキル　まとめ

- 「情報」や「知識」はただ集めるだけ・蓄積するだけでは仕事に活かすことはできない。仕事の目的や意図に沿って必要な「情報」「知識」を収集して、「知恵」として昇華することで初めてビジネスとして価値のあるインプットとなる。
- 正解のない仕事に立ち向かうための「ビジネスセオリー」、デジタル時代における「データリテラシー」「先端技術トレンド」、社会課題へのアドレスにつながる「社会潮流」の４つの知識は新時代のビジネスプロフェッショナルが特に意識して持つべき知識である。

●イノベーションを生み出すためには、組織の多様性もさることながら、一個人の中に多様性を持つ「イントラパーソナルダイバーシティ」を実現することが重要。〝外〟に目を向け、得た知識を自分なりに取り入れながら仕事に還元し続けていくことが、新時代のビジネスプロフェッショナルに求められている。

おわりに

本書をお読みいただきまして、ありがとうございます。

皆さんが本書に期待したことは何でしょうか？　これから社会で活躍していくためにコンサルタントが学んでいる問題解決スキルやプロジェクトワークの進め方などを知ることでしょうか？　その手のコンサル本は今でもたくさん書店に並んでいますし、私自身も僭越ながら２０１８年に拙著（『「ゴール仮説」から始める問題解決アプローチ』すばる舎）にまとめてお伝えしてきました。

にもかかわらず、なぜまたコンサル本を書いてみようと思ったのか……そこには今だからこそ伝えたい・伝えなければいけない〝想い〟があったからです。その〝想い〟を伝え、そのうえで**必要とされる〝マインドやスキル〟を学んでいただける本である**ならば、**改めて書いてみる意味があるのではないか、そうした本であればきっと読者の背中を押して、日本をもっと元気にできるのではないだろうか**、そう思ったからです。

40年周期説

話は変わりますが、みなさんは「40年周期説」という話をご存じでしょうか？　**これまでの歴史的な景気や経済・政治、果ては国家の躍動感などを大局的に俯瞰すると「日本の運気はおおよそ40年単位で上下していく」**という話です。

遡ること1867年、時の将軍徳川慶喜が250年近くつづいた徳川政権に終止符を打つことになった「大政奉還」を行いました。飢饉が頻繁に起こり、幕府も各藩も厳しい財政状態の元で藩政改革に追われ、閉塞感に包まれていた江戸後期を抜けて、新しい明治の夜明けを迎えたのです。幕末の黒船来航・薩英戦争などを通して欧米の先進的な技術や国力をまざまざと見せつけられた日本はここから一気に発展しました。そうです文明開化です。「殖産興業」「富国強兵」の掛け声のもとに、一気に産業力もそしてそれと比例した日本の人口も飛躍的に上昇していった「上昇期」を迎え、中国（1894年：日清戦争）やロシア（1904年：日露戦争）までをも打ち破るほどの強国にまで上り詰めたのです。

明治維新からおおよそ40年間の話です。しかし、その後太平洋戦争の終戦（1945年）までは皆さんご存じの通り暗闇に突っ込み果てには国民全員が焼け野原に立ちすくむような「下降期」の40年を過ごすこととなったのです。すべてを失った日本人はそこから再起を図り、様々な産業をゼロから創り出しGDP世界第2位にまで奇跡的な復活を果たしたのです。そして1985年のプラザ合意を境にアジア諸国が台頭、比例するかのように日本の国際競争力の低下が生じ、バブル崩壊（1993年頃）も加わって今の失われた30年に立っているのです。単純化すれば今は日本の運気「下降期の終焉期」にいて、2025年には次なる「上昇期」の40年を迎えるのでは、と期待できるのです。これが40年周期説なのです。あくまでも表層的な事象であり、国や産業の機運の話ではありますが、「賢者は歴史に学ぶ」とはドイツ初代宰相ビスマルクが述べた通り、私はこの大局で捉えた時に上昇下降を規則的に繰り返している日本の「40年周期説」に大いなる期待を寄せています。とはいえ、ただ待っていればそうした時代が創れるわけではないことも、また歴史が教えてくれています。明治維新を成し遂げた時には薩摩藩や長州藩などの志高き若い志士達がリスクを冒して未来を切り拓くべく立ち上がり、戦後焼け野原から産業を復興した際にもひたすら明るい未来を創り出すことに目を向けて必死で時代を創り上げてきてくれた〝時代のリーダー達〟がいたのです。

課題の特性に応じたスキルを、整合立てて学ぶ

今すぐに、明日から現場で使えるスキルを教えてくれ、と思っていらっしゃる読者の方も少なくないと思います。もちろん、本書では思考力を鍛えるような従来から各書で紹介されるコンサルタントスキルも存分に紹介しています。しかし、今私たちが置かれている時代環境やこれから突破していかねばならない問題・課題の特性、その解決に通じるスキルを整合立てて学んでいただくことに拘らなければ、遅かれ早かれ〝枯れたスキル〟になることは目に見えています。私が90年代後半に戦略コンサルタントとしてのキャリアをスタートして早いもので約25年が経ちました。**その時々の、そして様々な企業課題に向き合って来た経験から見るに、本当に我々が向き合うべき課題の性質もそこで必要とされる人材の特性も大きく変わったことを痛感します。**戦後築きあげられた業界構造はテクノロジーによってほぼほぼ崩壊し、同一業界や同一企業での長い職歴・経験、人脈だけで幅を利かせて〝リーダー〟としてビジネスを引っ張っていけるような時代はほぼ終わりを迎えています。

そこに来てCOVID−19によって働き方も大きく変わりました。ワーケーションや副業などは昔では到底考えられなかった話ですし、今後もさらに進化していくこと

でしょう。正直言って、10年後・20年後の世界を予想することなぞ、もはや意味を成さない時代だと思っています。連続性のもとで「この先」を予測できるような時代はもう戻ってこないのです。**それよりも大切なことは「未来を創る」スキル、そのための「課題」を突破できるスキルを一人でも多くの方が身に着けることだと思っています。**それこそが今後の「上昇気流」を創り出す原動力になるのですから。

個人的な話で恐縮ですが、私には4人の愛すべき息子がいます。また、地元横浜では少年サッカーチームのコーチとして多くの子ども達と触れ合ったり、仕事柄、大学等でイノベーションと銘打った講義をさせていただく中でたくさんの大学生と語り合う機会にも恵まれています。この子ども達や若者達が社会の中心となる2040年、2050年頃にはキラキラとした「上昇期」の日本であって欲しい、と心から願わずにはいられません。2025年には大阪・関西万博も開催されます。ちょうど戦後80年を迎える年でもあります。これを境に日本が日本らしい上昇気流を創り出し、その中でこれまでの「経済合理性」ばかりを追求するのではない新しい価値が生み出される産業構図や社会インフラが次々と生み出されることを期待してやみません。一人でも多くの方が、「自分たちが〝これからの日本〟を創ってみせるぞ！」と前向きになっていただけることを切に願っています。

著者略歴

佐渡 誠（さど まこと）

KPMGコンサルティング株式会社
執行役員　ビジネスイノベーションユニット統轄パートナー／人材開発本部統轄パートナー
慶應義塾大学卒。日系大手印刷会社を経て、1999年外資系コンサルティングファームの戦略部門に入社。2014年、グループ内再編に伴いリブランディングすることになったKPMGコンサルティングに参画。製造、小売、メディア通信業を中心に成長戦略・新規事業戦略策定や先進テクノロジーを活かしたイノベーション創出プロジェクト等を多数支援。戦略ユニットパートナー、経営企画室長などを歴任した後、現在ビジネスイノベーションユニット統轄パートナーとして多くの社会課題解決プロジェクトをリードすると共に、人材開発本部長も兼任し、会社の価値向上・業容拡大を担う。

鈴木 拓（すずき たくみ）

KPMGコンサルティング株式会社
ビジネスイノベーションユニット　シニアマネジャー
慶應義塾大学卒業後、日系コンサルティングファーム、ブティック系コンサルティングファームを経て、2021年にKPMGコンサルティングに入社。これまで製造業、小売業、サービス業などの様々な業界に対して、新規事業戦略策定・立上げ支援、マーケティング戦略策定支援、ブランディング戦略策定支援をはじめとしたトップライン向上に関するコンサルティングサービスを提供。現在はビジネスイノベーションユニットにて、スポーツ業界の社会価値・経済価値の向上に携わりながら、コンサルティングファームとしての新たなビジネスモデルの構想と実装に従事。

執筆協力

笹木 亮佑（ささき りょうすけ）

KPMGコンサルティング株式会社
ビジネスイノベーションユニット　ディレクター
東京理科大学工学部卒。大手国内SIerに就職し証券及び銀行業界におけるフロントシステムの開発・管理に従事。2016年よりKPMGコンサルティングに参画し、金融機関向けのプロジェクトリスク・ガバナンス態勢構築、サイバーセキュリティ戦略、DX戦略などの各種コンサルティングサービスを提供。2020年からスポーツイノベーション部門の立ち上げに参画し、現在ビジネスイノベーションユニットではSports×Digital領域をリード。

6スキル　トップコンサルタントの新時代の思考法

2023年4月 6 日　1版1刷
2023年5月11日　　2刷

著　者　　佐渡　誠　鈴木　拓

発行者　　國分正哉
発　行　　株式会社日経ＢＰ
日本経済新聞出版
発　売　　株式会社日経ＢＰマーケティング
〒105-8308 東京都港区虎ノ門4-3-12
ブックデザイン　沢田幸平（happeace）
印刷・製本　シナノ印刷

ISBN978-4-296-11738-3
Printed in Japan